Crise interne au Conseil Militaire
Suprême du Niger

Collection « Afriques en mutations »
Dirigée par Ange Bergson Lendja Ngnemzué (PhD, HDR)

Cette collection accueille des travaux universitaires en sciences humaines et sociales, ainsi que des essais de bonne expertise consacrés à l'Afrique et aux sujets pertinents pour le continent. De facture empirique ou non, les ouvrages de la collection proposent des analyses innovantes ou critiques qui mettent en lumière les racines du présent africain, les logiques endogènes et les transformations qui s'y greffent. L'enjeu est d'explorer au plus près le local et ses rapports au monde, tels qu'ils se construisent sur différents aspects (culturel, politique, économique, diplomatique, etc.) et se confrontent à eux-mêmes ou aux dynamiques importées. Dans le champ des recherches africanistes, ces études montrent un continent profondément diversifié, contemporain et bouillonnant d'inventivité et de créativité humaine, de renouvellement autant sur l'éthique de l'action que sur les techniques de soi. Tous en quête d'innovation, les ouvrages de la collection enquêtent en profondeur, quitte à bouger les lignes traditionnelles d'analyse aux trois niveaux théorique, conceptuel et méthodologique, et à déconstruire les thèses dominantes en cours, qui sont parfois construites hors-sol.

Déjà paru

Titi PALE, *Les femmes ministres en Côte d'Ivoire. Evolutions et enjeux de démocratisation*, 2023.
Freddy Joël TCHANA NANA KOUMOUSSA, *Omar Bongo et la sécurité collective en Afrique centrale*, 2022.
Magatte WADE, *Lat Dior, Damel du Cayor. Vie de combats d'un héros sénégalais*, 2022.
Jeannette Ariane NGABEU, *Les enjeux de la modernité dans le roman africain au féminin. Werewere Liking, Angèle Rawiri et Ken Bugul*, 2021.
Graziela HOUTONDJI-MBAMA, *Anthropologie d'une protestation contre l'État au Bénin, Les « déguerpis » du quartier Placodji à Cotonou*, 2020.

Seidik Abba

Crise interne au Conseil Militaire Suprême du Niger

Histoire secrète de la rupture Seyni Kountché - Boulama Manga

© L'Harmattan, 2024
5-7, rue de l'École-Polytechnique, 75005 Paris

http://www.editions-harmattan.fr

ISBN : 978-2-336-44338-6
EAN : 9782336443386

Table des matières

Table des matières 7
Sigle et abréviations 9
Introduction 11
Chapitre 1 : La rencontre fortuite de Maradi 13
Chapitre 2 : 15 avril 1974 : le coup d'État a bien failli échouer 21
Chapitre 3 : La mort de la première dame Aissa Diori : bavure ou assassinat ? 31
Chapitre 4 : La chute de Sani Souna Siddo, numéro 2 du CMS 39
Chapitre 5 : La mise en position de stage 45
Chapitre 6 : L'ultime face-à-face 49
Chapitre 7 : « Mon rendez-vous manqué avec la mort » 57
Chapitre 8 : Le sacre d'Ali Saibou à la tête du Niger 61
Chapitre 9 : La vie après la prison 67
Chapitre 10 : La réconciliation posthume 71
Chapitre 11 : Le président et son maître d'école 75
Chapitre 12 : La deuxième vie de Seyni Kountché 87
Conclusion 97
Bibliographie 101

Sigle et abréviations

AFC : Alliance des Forces du Changement
AOF : Afrique Occidentale Française
BCL : Bureau de Coordination et de Liaison
CFA : Communauté Financière Africaine
CI : Centre d'Instruction
CIRES : Centre International de Réflexions et d'Études sur le Sahel
CPC : Compagnie Prête aux Combats
CMS : Conseil Militaire Suprême
CSM : Compagnie Saharienne Motorisée
DDP : Détournement des Deniers Publics
DGDSE : Direction Générale de la Documentation et de la Sécurité Extérieure
DMK : Détachement Méhariste du Kawar
EFORTOM : Ecole de Formation des Officiers des Territoires d'Outre-Mer
EOGN : Ecole des Officiers de la Gendarmerie Nationale
FAN : Forces Armées Nigériennes
GIRHA : Groupe Interdisciplinaire de Recherche en Histoire de l'Afrique
GNN : Gendarmerie Nationale du Niger
HCR : Haut Conseil de la République
MNSD : Mouvement National pour la Société de Développement
NDLA : Note De l'Auteur
OCAM : Organisation Commune Africaine et Malgache
OCI : Organisation de la Conférence Islamique
ONEP : Office Nationale d'Edition et de Presse
OPVN : Office des Produits Vivriers du Niger
OUA : Organisation de l'Unité Africaine
PA : Pistolet Automatique
PANAPRESS : Agence Panafricaine d'Information
PNDS : Parti Nigérien pour la Démocratie et le Socialisme
PPN-RDA : Parti Progressiste Nigérien-Rassemblement Démocratique Africain
SONARA : Société Nigérienne de Commercialisation de l'Arachide

SONIDEP : Société Nigérienne des Dépôts des Produits Pétroliers
UA : Union Africaine
UNCC : Union Nigérienne de Crédit et de Coopération
UPHF : Université Polytechnique de Haut-de-France
UQAM : Université du Québec à Montréal.

Introduction

Le 16 juin 1980, le commandant Boulama Manga est arrêté à l'état-major des Forces armées nigériennes (FAN), à Niamey, sur ordre du colonel Seyni Kountché, président du Conseil militaire suprême (CMS), chef de l'État. Transféré trois jours plus tard à Agadez, Boulama Manga restera en détention au camp pénal de la capitale régionale du nord du Niger jusqu'au 20 novembre 1987, sot dix jours après le décès à l'hôpital de la Pitié-Salpétrière, à Paris, de Seyni Kountché. Que s'est-il donc passé pour que deux des cerveaux du coup d'État militaire qui a renversé le 15 avril 1974 le président Hamani Diori, premier président du Niger indépendant, en arrivent à cette rupture brutale et inattendue ? En dépit de quelques versions parcellaires données ici et là, le clash entre Seyni Kountché et Boulama Manga restera une des énigmes les plus coriaces de l'histoire politique contemporaine du Niger. S'appuyant sur le témoignage direct de Boulama Manga recueilli en 2016 à Tunis, ce livre est une modeste contribution pour élucider définitivement ce qui s'est véritablement passé entre deux des principaux acteurs du coup d'État du 15 avril 1974.

En effet, derrière l'incrimination « d'insubordination » portée contre le commandant Boulama Manga se cachait une succession d'événements ayant conduit à son arrestation. Le livre retrace en détail et avec une chronologie millimétrée comment le malentendu a démarré, s'est noué ensuite avant de dégénérer en bras de fer chinois, malgré les tentatives de médiations de la dernière chance, dont celles du Dr Alpha Cissé et du colonel Ali Saïbou, alors chef d'état-major des FAN. Toutes les deux ont fini par avorter. Sur fond d'ego et de fierté, ni Seyni Kountché ni Boulama Manga n'ont reculé.

Outre l'ambition d'éclairer cet angle mort de la saga du CMS, le projet éditorial a été conforté par l'absence d'amertume et de rancœur exprimées par le commandant Boulama Manga. Bien au contraire, au fil de l'entretien il est nettement apparu une sorte de respect et de considération de sa part pour Seyni Kountché. « *Je n'en veux absolument pas*, a-t-il assuré, *à Kountché. Ce qui s'est passé en 1980 était inscrit dans mon destin ».* Et d'ajouter plus loin : *« Kountché n'était ni un homme d'argent ni un homme de femmes ».*

Organisé en douze chapitres, l'ouvrage ne se limite pas toutefois à la seule arrestation de Boulama Manga. Il revisite en effet des événements marquants de cette séquence de l'histoire politique du Niger, apportant de la valeur ajoutée à ce que l'on savait déjà sur le coup d'État de 1974, l'arrestation de Sani Souna Siddo, la mort de la première dame Aissa Diori ainsi que la désignation du colonel Ali Saibou comme président du CMS, après la mort de Seyni Kountché. De façon totalement inédite, l'ouvrage éclaire sur les rapports si particuliers entre Seyni Kountché et Léopold Kaziendé, plusieurs fois ministre de Diori, mais surtout l'instituteur qui envoya en 1943 le futur président du Niger à l'École des enfants des troupes à Kati, au Mali. Le lecteur trouvera aussi dans ce livre des informations exclusives sur le renversement de Diori qui a bien failli échouer ; le cours par correspondance pris par Boulama Manga depuis sa cellule du camp pénal d'Agadez ; la mort de Sani Souna Siddo ; la réconciliation posthume entre Kountché et Boulama tout comme la vie de l'ancien Commandant de la gendarmerie nationale du Niger, après sa sortie de prison.

Dans le douzième chapitre intitulé « la seconde vie de Seyni Kountché », l'ouvrage décrypte la forme de nostalgie qui s'est emparée des Nigériens sur la personnalité de Seyni Kountché. Préférant oublier les heures sombres de la période du CMS, de très nombreux Nigériens manifestent ainsi depuis plusieurs années la « Kountchémania », en souvenir d'une période où, disent-ils, « l'État était debout », le Niger respecté dans les instances internationales et « le pays tenu par un vrai chef ». Des discours emblématiques prononcés par Kountché tels que « le Damergou sera sauvé », des extraits de ses plus célèbres « Conférences des cadres » ainsi que ses portraits sont partagés sur les réseaux sociaux et dans les groupes WhatSapp, trente-six années après son décès. Des chansons en langues nationales à la gloire du « grand chef » que fut Seyni Kountché sont par ailleurs exhumées et très largement diffusées.

Chapitre 1 :
La rencontre fortuite de Maradi

Rien, absolument rien ne prédisposait le destin de Seyni Kountché né en 1931 à Fandou, dans le nord-ouest du Niger, à croiser celui de Boulama Manga, son cadet de neuf années, né à N'Guigmi dans l'extrême-est du Niger. Kountché part en 1943 à l'École des enfants des troupes à Kati, au Mali, puis au prytanée militaire de Saint-Louis du Sénégal d'où il entre dans les rangs de l'armée française. Il sera ensuite des batailles coloniales d'Indochine et d'Algérie avant d'être reversé avec le grade de sous-lieutenant dans la nouvelle armée nigérienne en août 1961, une année après l'indépendance acquise le 30 août 1960[1]. Les premiers pas de Boulama Manga le destinaient plutôt à une carrière d'enseignant. Après des études primaires et secondaires à N'Guigmi, Zinder et Niamey, il devient instituteur à Bouné, près de Gouré, dans le département de Zinder (appellation de l'époque). Boulama Manga n'y restera que de 1958 à 1961, année où son destin bifurque, à 21 ans, vers la carrière militaire : il entre alors comme volontaire dans les rangs de la toute jeune gendarmerie nationale du Niger (GNN). Après plusieurs stages dans différentes écoles de gendarmerie en France, Boulama Manga devient Commandant du groupement de gendarmerie de Maradi, alors capitale économique du Niger. C'est là qu'il fera en 1965 la connaissance de Seyni Kountché, devenu entretemps chef d'état-major adjoint des FAN[2].

Dans ses fonctions de Commandant du groupement de gendarmerie, Boulama Manga est au pied de l'avion militaire de

---

[1] Dans son article « la naissance de l'armée nationale au Niger : 1961-1974 », publié, en 2005, dans *Armée et politique au Niger* (sous la direction de Kimba Idrissa), Aliou Mahaman précise que « *C'est l'accord d'assistance technique signé le 24 avril 1961 qui va permettre (...) le rapatriement des Nigériens servant dans l'armée française. C'est finalement le 1er août 1961 que la création de l'armée nigérienne devient effective* ».

[2] Avant de devenir chef d'état-major adjoint Kountché avait commandé la Compagnie d'appui de commandement et de service (CCAS). Il avait succédé à la tête de cette unité au capitaine Amadou Diallo qui s'était rebellé en 1963 contre le régime du PPN-RDA.

retour d'une mission de ravitaillement à Agadez et en partance pour Niamey. Il note la présence à cette escale du chef d'état-major adjoint des FAN Seyni Kountché à qui il va présenter les salutations d'usage. En 1966, Boulama Manga devient Commandant de la gendarmerie nationale et prend ainsi ses fonctions à Niamey. Ses rencontres avec Seyni Kountché deviennent plus régulières, notamment à l'aéroport de Niamey pour les départs et les arrivées du président Hamani Diori. À de nombreuses reprises, Boulama et Kountché, qui remplace souvent le chef d'état-major Balla Arabé pour cette corvée, empruntent le même véhicule.

Petit à petit, une relation de proximité s'installe entre le chef d'état-major adjoint et le Commandant de la gendarmerie. C'est finalement Boulama Manga qui prend l'initiative de s'ouvrir à Kountché : « *Mon colonel*, dira-t-il, *actuellement ce régime n'a plus aucune confiance en moi. Mes courriers sont systématiquement ouverts et mes communications sont épiées. Je suis même convoqué à Tillabéri au procès des élèves et enseignants* »[3].

Au terme de son réquisitoire implacable contre le régime du PPN-RDA, Boulama Manga fait cette confidence lourde de signification à Seyni Kountché : « *En tant que Commandant de la gendarmerie, je ne peux pas accepter qu'on doute de ma loyauté. Si demain il y a un coup d'État dans ce pays, vous pouvez compter sur ma participation* ». Kountché, qui n'est pas homme à s'épancher facilement, encaisse et dit simplement :

---

[3] Une vague d'arrestations a été opérée par le régime du PPN-RDA dans les milieux scolaires et intellectuels suite à la grève qui avait débuté le 22 octobre 1973 pour protester contre la fermeture des internats. Les meneurs présumés de l'agitation scolaire ont été incarcérés et jugés en décembre 1973 à Tillabéri, dans le nord-ouest de Niamey, à près de 100 km, devant la Cour de sûreté de l'État (une juridiction d'exception) pour avoir participé depuis 1971, 1972, 1973 à un « complot visant à renverser le régime en place ». Des peines allant de 2 ans, 4 ans, 5 ans, 7 ans et à 10 ans fermes ont été prononcées contre les prévenus. Les peines maximales de 10 ans concernaient Brah Mahamane, ingénieur agronome et Maina Ari Adji Kirgam, ingénieur statisticien-économiste. Tous les détenus ont été libérés le 15 avril 1974, jour du coup d'État qui a renversé Hamani Diori.

« *vas-y à leur convocation à Tillabéri, on verra ce qu'ils feront de toi* ».

De gauche à droit : Boulama Manga, Moussa Sala, Sory Mamadou Diallo et Seyni Kountché

En juillet 1973, lorsque le commandant Seyni Kountché devient chef d'état-major de l'armée nigérienne, en remplacement du colonel Balla Arabé, il n'oublie pas le serment fait par Boulama Manga de se joindre à tout projet de coup d'État. C'est donc naturellement chez le capitaine Boulama Manga que se tient la première réunion des officiers appelés à former le futur Conseil militaire suprême.

Dans son livre *15 avril 1974 : Mémoire d'un compagnon de Seyni Kountché*[4], feu le colonel Moumouni Adamou Djermakoye raconte de manière très détaillée cette sorte d'assemblée constitutive du CMS : « *Le 5 décembre 1973, à 12 h, nous étions treize officiers réunis au domicile du capitaine Boulama Manga pour un déjeuner. Il y avait là, tous les commandants d'Unité, le Chef du 4e Bureau et les commandants de Zone (Agadez-Zinder).*

---

[4] Moumouni Adamou Djermakoye, *15 avril 1974, Mémoires d'un compagnon de Seyni Kountché*, Éditions Nathan Adamou, Niamey, 2005.

Cette réunion des gradés de l'armée ne surprenait personne, puisqu'elle se déroulait au grand jour, au vu et au su de tout le monde. Quoi de plus naturel que des officiers des FAN se concertent quand l'autorité politique elle-même les invite à s'impliquer plus lisiblement dans la vie de la Nation ? L'armée de la Nation au service de la Nation... À vrai dire, peu d'entre nous savaient ce qui allait se passer. Pour moi, l'ambiance de franche camaraderie qui régnait parmi les convives était déjà un réconfort, compte tenu de l'ambiance délétère qui planait sur la capitale. Je notais la présence de deux gardes postés à la porte, la mine farouche. Dans la cour, il n'y avait ni femme ni civil. Le maître des lieux demanda à la fin du repas aux serveurs de ne plus venir nous déranger »[5].

Photo de groupe prise par le CMS après le 15 avril : on reconnaît au premier rang Seyni Kountché avec Sani Souna Siddo à sa gauche et Dupuis Henri Yacouba à sa droite.

En réalité, c'est à l'issue de cette réunion que sera dressée la liste complète des membres du CMS qui a longtemps été tenue secrète :

---

[5] Moumouni Adamou Djermakoye, 15 avril 1974, *Mémoire d'un compagnon de Seyni Kountché*, page 58.

1 Lieutenant-colonel Seyni Kountché[6]
2 Commandant Sani Souna Siddo
3 Commandant Idrissa Arouna
4 Commandant Sory Mamadou Diallo
5 Capitaine Ali Saïbou
6 Capitaine Adamou Moumouni Djermakoye
7 Capitaine Boulama Manga
8 Lieutenant Amadou Seyni
9 Lieutenant Dandi Abarchi
10 Lieutenant Cyrille Gabriel
11 Lieutenant Tandja Mamadou
12 Lieutenant Bagnou Beïdou
13 Lieutenant François Wright

Après le déjeuner, le capitaine Boulama Manga aura pour mission de centraliser les renseignements jusqu'à la date-butoir du coup d'État. Le lieutenant-colonel Seyni Kountché et le capitaine Boulama Manga sont en première ligne lorsque débutent dans la nuit du 14 au 15 avril 15 avril 1974 les opérations de renversement du président Hamani Diori. À l'état-major des FAN, ils assurent, avec l'aide du lieutenant François Wright, la coordination des forces engagées dans le coup d'État. Après la réussite du putsch, Kountché donnera à Boulama Manga le sobriquet de « djikan mai Laya » (de langue haoussa qu'on pourrait traduire approximativement par petit-fils de l'homme aux gris-gris).

---

[6] Nommé chef d'état-major général des FAN avec le grade de Chef de bataillon le 16 juillet 1973, Seyni Kountché a été promis à titre exceptionnel au grade de lieutenant-colonel le 4 décembre 1973 à compter du premier janvier 1974. Cet avancement exceptionnel a été fait par Hamani Diori sur la demande expresse de Léopold Kaziendé.

Le capitaine Boulama Mang, ministre des Affaires économiques du premier gouvernement du CMS formé le 22 avril 1974.

Dans le premier gouvernement du CMS formé le 22 avril 1974, Boulama Manga devient ministre des Affaires économiques. Seyni Kountché, qui le tient en estime, l'autorise alors à cumuler son portefeuille ministériel avec ses fonctions de Commandant de la gendarmerie nationale. Sans doute au regard du rôle qu'il a joué avant et pendant le coup d'État, Boulama Manga était presque le seul membre du CMS à demander des comptes à Seyni Kountché alors même que s'affaiblissait la collégialité au sein du directoire militaire qui a pris le pouvoir en 1974. Il avait ainsi demandé les preuves de l'implication de Sani Souna Siddo dans un complot présumé contre le régime lorsque Seyni Kountché avait réuni en août 1975 les membres du CMS présents à Niamey pour leur annoncer son arrestation. Boulama Manga avait à nouveau demandé à Kountché la confirmation du décès de Sani Souna Siddo lorsque ses deux épouses étaient venues le solliciter pour en avoir le cœur net. Signe de la relation spéciale entre les deux hommes : après le limogeage brutal et inattendu de Moumouni Adamou Djermakoye de son poste de ministre des Affaires étrangères, en septembre 1979[7], Boulama était allé voir Kountché pour lui dire : « *Mon colonel si jamais vous décidez de me décharger de mes fonctions ministérielles, faites-le-moi savoir à l'avance, s'il vous plaît* ». Une demande à laquelle le président du CMS avait répondu sans ambages : « *il n'a jamais été question de vous faire quitter le gouvernement* ».

Bienveillance suffisamment rarissime chez Seyni Kountché : en mai 1980, au retour de Boulama Manga de stage en France, le président du CMS lui a demandé expressément à quel poste ministériel il souhaitait faire son retour au gouvernement. Plus forte et solide aura été la relation entre les deux hommes, plus inéluctable et brutale aura donc été leur rupture.

---

[7] Dans son livre déjà cité, Adamou Djermakoye raconte à la page 121 avec amertume la manière dont il a appris son limogeage alors qu'il se trouvait en escale à Paris : « *le 10 septembre 1979, m'envolant de Cuba où je restai [sic] pour couvrir le Sommet des Non-Alignés, à l'aéroport de Paris, j'appris la nouvelle du remaniement ministériel qui me relevait de mes fonctions de ministre des Affaires étrangères et de la Coopération. Ma surprise fut d'autant plus grande que deux jours auparavant le président du CMS Seyni Kountché était à La Havane et n'avait pas osé s'ouvrir à moi de ses intentions. Il semble que j'ai été victime d'un complot de son entourage* ».

Chapitre 2 :
15 avril 1974 : le coup d'État a bien failli échouer

Le Niger aura connu cinq coups d'État militaires depuis son accession à l'indépendance le 3 août 1960 : 15 avril 1974 ; 27 janvier 1996 ; 9 avril 1999 ; 10 février 2010 et 26 juillet 2023. Le coup d'État de 1974 n'est pas seulement le premier de cette série. Il est unique par la durée de sa maturation, mais surtout par son caractère inclusif, associant presque toutes les unités des FAN, celles de Niamey autant que celles déployées à l'intérieur du territoire national.

Pour Léopold Kaziendé, ministre de la Défense de Hamani Diori de 1972 jusqu'au coup d'État, l'agenda de renversement de leur régime s'est mis en place dès 1972 lorsqu'un jour Seyni Kountché, qui était encore chef d'état-major adjoint, était venu lui faire la demande suivante : « *Je souhaiterais que vous acceptiez que votre beau-parent (Bonkano) soit engagé comme garde-cercle, ainsi la vie lui sera plus facile* ».

Seyni Kountché au milieu, entouré de Sory Mamadou Diallo à sa droite et Mamadou Tandja à sa gauche. À l'arrière-plan, le lieutenant Mallam Oubandawaki, aide de camp du président du CMS.

À la demande de son ancien élève de l'école primaire de Filingué, Kaziendé avait donné une suite favorable : « *Une semaine après*, écrit-il *dans Souvenirs d'un enfant de la colonisation, Tome 6, le Commandant de la Garde républicaine, Monsieur Abdou Diori, présenta à ma signature, un projet de décision engageant M. Bonkano dans le corps des gardes-cercles, avec poste budgétaire. Le nouveau garde fut affecté comme planton au ministère de l'Intérieur* ». Après avoir franchi le pas de son intégration dans la Garde républicaine, Bonkano va ensuite dérouler tranquillement l'agenda du putsch du 15 avril 1974 : il obtient d'être muté de l'Intérieur à la Défense, sous prétexte qu'il n'est pas à son aise au ministère de l'Intérieur où officie Boubacar Moussa, demi-frère du président Diori et ancien patron de la sûreté d'État. « *Ainsi, Bonkano devint à partir de 1973, planton de mon bureau,* ajoute Kaziendé. *J'étais si satisfait de cette affectation que sur sa demande, j'obtins du Commandant Sani, qu'il fût porteur d'un P.A*[8] *comme les policiers* ».

De son poste de planton auprès du ministre de la Défense, Bonkano va ainsi devenir l'œil et l'oreille du projet de coup d'État qui n'était alors encore connu que de lui, Seyni Kountché et Idrissa Arouna. À la vérité, le projet de renversement du régime du PPN-RDA ne prend véritablement forme que lorsqu'en juillet 1973 le colonel Balla Arabé[9] est évincé de son poste de chef d'état-major des FAN puis remplacé par son adjoint le Chef de bataillon Seyni Kountché. Il aura pourtant fallu vaincre de très nombreuses réticences à commencer par celles du président Diori pour que Seyni Kountché devienne le patron de l'armée nigérienne. Sur ce point, Moumouni Adamou Djermakoye et Léopold Kaziendé sont d'accord. Le premier affirme dans son ouvrage déjà cité que toute l'élite politique du PPN-RDA était contre la désignation de Seyni Kountché comme chef d'état-major, à l'exception de Kaziendé. « *Pour la désignation du Chef de bataillon Seyni Kountché aux fonctions de chef d'état-major,* écrit Moumouni Adamou Djermakoye, *tous*

---

[8] PA : Pistolet automatique.
[9] Le colonel Balla Arabe devient en juillet 1973 chef d'état-major particulier du président Hamani Diori.

les dignitaires du régime étaient contre, excepté un : Kaziendé » !

L'ancien instituteur n'a, en réalité, ni dit oui ni dit non à Diori qui souhaitait connaître son avis avant de prendre le décret consacrant Kountché comme patron de l'armée. La suite est racontée par Kaziendé lui-même dans son ouvrage cité plus haut : « *Le lendemain était mon jour d'audience à la présidence. Je profitai de l'occasion pour parler de la rencontre avec le commandant Sani. Diori me dit : il m'a tenu le même discours plusieurs fois. Je reste circonspect en l'occurrence, car j'ai d'autres sources de renseignements. Avez-vous confiance en votre fils*[10] *?* ».

En homme averti, le ministre de la Défense botte en touche : «*Je connais*, dit-il parlant de Kountché, *l'enfant taciturne, solitaire, assez bon élève. Mais, je ne connais pas l'homme. Nous sommes à une époque où il est difficile de jurer sur la fidélité d'un chef militaire. Le Nigeria, le Dahomey, le Togo, le Ghana, le Mali, l'Algérie sont sous des régimes d'exception, des régimes militaires. La contagion, il convient d'y penser et prendre des précautions conséquentes* ».

Sani Souna Siddo, ajoute Kaziendé, trouvera finalement m'argument-massue pour vaincre les dernières réticences de Hamani Diori et son ministre de la Défense. « *Je viens vous dire*, poursuit Kaziendé citant Sani Souna Siddo, *que l'officier qui commande effectivement l'armée est le lieutenant-colonel Seyni Kountché. C'est le chef au sens complet du mot. Il est respecté de tous les officiers ; les hommes de troupe l'admirent et vantent sa correction en toute circonstance. Son autorité sur l'ensemble de l'armée est incontestable et incontestée. C'est lui le vrai chef d'état-major. Le colonel Bala n'est pas celui qu'il faut maintenir à la tête de la troupe. Il est à remplacer par Seyni Kountché. Le plus tôt serait le mieux, car il y a des grognards, des mécontents*

---

[10] Diori désigne Seyni Kountché par « par votre fils », sachant le lien de maître à élève qui existe entre Kaziendé et Seyni Kountché.

prêts à tout, même au coup d'État, si la situation actuelle perdure ».

La dernière carte abattue par Sani Souna Siddo fait bouger d'un iota le président Diori : « *Soumettez-moi*, dit-il à Kaziendé, *un décret dans le sens souhaité. Je me donnerai le temps de réflexion. D'autres sons de cloche me parviennent...* ».

Aussitôt dit, aussitôt fait, le ministère de la Défense prépare le décret de nomination de Seyni Kountché comme chef d'état-major des FAN. Alors que le commandant Souna Siddo s'impatientait pour mettre en place cette pièce maîtresse de la conspiration, le décret préparé par Kaziendé pour la nomination de son ancien élève restera sous le boisseau pendant des jours, des semaines et des mois. C'est finalement en juillet 1973, alors que le président Diori se trouvait en vacances à Contrexeville[11], que Sani Souna Siddo apporte dans sa chambre d'hôtel le décret de désignation de Kountché comme patron de l'armée nigérienne. Il ne reste alors plus qu'à dérouler le reste de l'agenda secret du renversement du régime du PPN-RDA. D'autant plus facilement que le contexte de famine, de sécheresse, de népotisme et de corruption s'y prêtait très largement. Initialement, le CMS envisageait le passage à l'acte au moment du congrès ordinaire du PPN-RDA à Niamey. « *Le jour J fut fixé. Ce sera lors du Congrès du PPN-RDA prévu dans les tout prochains jours. Le plan était simple. Puisque tous les dignitaires du pouvoir devaient être présents, il suffisait d'encercler le bâtiment où se dérouleraient les travaux et de procéder à leur arrestation, autant que possible en douceur. Le reste suivrait sans anicroche : un* pronunciamiento. *Nous étions confiants et gonflés à bloc pour ce projet patriotique* », se souvient Moumouni Adamou Djermakoye.

Finalement, « l'action » est reportée *sine die* en raison de son impréparation. En mars 1974, soit un mois avant le coup d'État,

---

[11] Contrexeville est une petite commune du département des Vosges, dans l'est de la France réputée pour ses cures thermales. Le président Diori y venait chaque année au mois d'août pour des cures vivifiantes.

Seyni Kountché entame une tournée en profondeur des casernes, se rendant à Agadez, Dirkou, N'Guigmi et Zinder. Sous couvert d'un périple d'évaluation des conditions de vie et de travail de la troupe, il fit la promotion et la sensibilisation des hommes sur l'urgence de « balayer » le pouvoir en place au Niger depuis le 3 août 1960. À cette époque, le projet était solidement arrivé à sa maturation. Il ne restait plus que la date exacte. Dans l'attente du choix de la nouvelle échéance, un événement extérieur imprévu se produit le 2 avril 1974 : à Paris le président français Georges Pompidou décède. Les militaires nigériens y voient une fenêtre d'opportunité pour agir. La nouvelle date retenue, le 15 avril, correspondait au long week-end des Pâques et au flottement du pouvoir à Paris. Ce qui rend difficile toute intervention des forces françaises pour sauver le régime de Hamani Diori.

Le 10 avril Seyni Kountché informe, par message radio codé, toutes les unités concernées que le Jour J serait le 15 avril 1974 à 2 h du matin, selon l'ordre de bataille arrêté depuis longtemps et détaillé par Moumouni Adamou Djermakoye :
1. le capitaine Ali Saibou part d'Agadez avec quelques éléments de la 2e CSM et progresse vers Niamey, en évitant les agglomérations. Il devrait avoir rallié la capitale le 14 avril à 0 h, prêt à attaquer. Sa mission : prendre le commandement du Camp des recrues de Tondibia qu'il connaît bien pour avoir dirigé cette unité pendant longtemps.
2. Sous les ordres du capitaine Momouni Adamou Djermakoye et du lieutenant Tandja Mamadou, des hommes du 3e CPC, partis de Zinder, devraient être en embuscade dans les environs de Niamey, le 14 avril à minuit. Objectif : s'emparer de l'aéroport et en garder le contrôle.
3. Le lieutenant Cyrille Gabriel, commandant de la Compagnie Para, avec un commando d'une vingtaine d'hommes bien entraînés, doit prendre le contrôle du palais présidentiel et procéder à l'arrestation du président Diori, avec pour consigne de ne tirer aucun coup de feu. Sauf s'il affronte une résistance notable.
4. Le commandant Sani Souna Siddo, un habitué du palais présidentiel qu'il connaît aussi bien que les dix doigts de sa main, doit s'assurer que dans la nuit du 14 au 15 avril, les

grilles resteront exceptionnellement ouvertes. Il avait également pour mission d'obtenir les clés des magasins d'armes du palais et de tranquilliser la famille présidentielle[12].
5. Le lieutenant Amadou Seyni doit s'emparer de la radio nationale et en garder le contrôle.
6. Le lieutenant Bagnou Beidou, 1er officier nigérien de la cavalerie est, quant à lui, chargé de contenir la riposte éventuelle de la garde présidentielle, avec quelques blindés et des canons.
7. Le lieutenant Dandi Abarchi devait, de son côté, procéder à l'arrestation de tous les dignitaires du régime. Ce qu'il réussira sans résistance, à l'exception d'Abdou Gaoh, président de la jeunesse PPN-RDA chez qui les miliciens du parti au pouvoir ont opposé une résistance qu'il a fallu affronter.
8. Le caporal Amadou Bonkano devait « désinformer » le président Diori en lui faisant croire que l'horizon de son pouvoir est dégagé. Il aurait même assuré au président qu'il « mourra au pouvoir ».
9. Seyni Kountché et Boulama Manga, avec le lieutenant François Wright comme officier de liaison, devrait coordonner toute l'opération à partir de l'état-major des FAN à Niamey.
10. Le commandant Idrissa Arouna, commandant de la zone militaire N° 3 de Zinder, devait rester sur son lieu de commandement pour venir en renfort, si jamais cela était nécessaire.
11. Le Commandant Sory Mamadou Diallo, commandant la zone de défense militaire N° 2 d'Agadez devait, lui aussi, rester sur son lieu de commandement et assurer les arrières de ses camarades.
12. Le Lieutenant Ibrahim Bare Mainassara devait attendre le commandant Sani Souna Siddo au quartier Poudrière et

---

[12] Dans son témoignage sur la disparition tragique de sa mère, publiée dans la presse en avril 2022 (Leral.net), Hado Ramatou Diori confirme que la veille du coup d'État, « aux alentours de 22 heures », Sani Souna Siddo avait tranquillement échangé avec la première dame Aissa Diori.

l'aider à mettre la main sur les munitions nécessaires pour le succès du coup d'État.

L'implication des unités des FAN tant de Niamey que de l'intérieur du pays a été un facteur de la réussite du coup d'État de 1974.

Avant même d'être mis à exécution, ce plan d'attaque s'est retrouvé dans les mains de Léopold Kaziendé qui l'a soigneusement rangé dans son tiroir. Pour une raison à ce jour inconnue, le ministre de la Défense n'avait alors ni informé le président Diori ni agi en conséquence pour déjouer le coup d'État du 15 avril. Mais, ce n'est pas le seul événement qui a failli faire avorter le projet de renversement du régime du PPN-RDA. Selon le récit de Boulama Manga, à trois reprises, Kaziendé a fait mine de savoir ce qui se tramait. Boulama Manga, qui prenait part à ces rencontres avec le haut-commandement militaire en tant que commandant de la gendarmerie nationale, a confié ce qui suit à l'auteur de ce livre :

> « *En tant que ministre de la Défense, Kaziendé avait pris l'habitude de réunir chaque samedi dans son jardin le haut commandement militaire pour un tour d'horizon de la situation nationale et des conditions de la profession militaire. À au moins trois reprises, il a affirmé qu'il comptait quitter ses fonctions ministérielles à l'horizon 1975-1976, après le Congrès du PPN-RDA.*

À chacune de ces trois fois, il avait ajouté : faut-il encore que le congrès puisse se tenir. Nous en étions totalement intrigués parce que notre projet initial était justement de profiter du congrès pour renverser le régime. Nous nous étions dit que cet homme-là a dû apprendre quelque chose ».

. Deux autres événements ont failli faire capoter l'action du CMS. Alors qu'ils faisaient route vers Niamey pour le coup d'État, en prenant par des sentiers, le commandant Sory Mamadou Diallo et le capitaine Ali Saibou sont tombés, non loin de Tahoua, sur Mouddour Zakara, ministre influent du régime du PPN-RDA[13]. « *Que faites-vous ici loin de votre base avec autant d'hommes lourdement armés ?* », s'était inquiété M. Zakara. « *Nous sommes sur les traces des voleurs lourdement armés partis de la région d'Agadez* », se sont justifiés Ali Saïbou et Sory Mamadou Diallo. Le ministre prendra finalement pour argent comptant la version des deux officiers mêlés à la conspiration contre le régime de Diori.

Mais comme si cela ne suffisait pas, un second couac plus sérieux que le premier s'est produit sur le chemin de la colonne partie d'Agadez pour le coup d'État du 15 avril. Plutôt que de se diriger directement vers Niamey, le capitaine Ali Saïbou choisit de faire un détour chez lui à Ouallam. Sa présence à la tête d'une troupe aussi importante et sérieusement équipée intrigue d'emblée le sous-préfet Képine Toyé qui tente d'alerter aussitôt la présidence de la république par message radio. « *Le sous-préfet tente d'entrer en contact par message radio pour informer la présidence de ce que Ali Saïbou était présent à Ouallam à la tête d'un nombre important de soldats lourdement armés. Ce jour-là, toutes les tentatives d'utiliser la radio ont été vaines et Képine*

---

[13]Issu de la chefferie touarègue de Filingué, dans le nord-ouest du Niger, Mouddour Zakara a été ministre du président Diori de 1958 jusqu'au coup d'État du 15 avril 1974. Son portefeuille le plus emblématique aura été celui de ministre des Affaires sahariennes et nomades. Comme tous les autres dignitaires du régime renversé par le CMS, il avait été arrêté le 15 avril 1974 et détenu à la caserne militaire de N'Guigmi, dans l'extrême est du Niger. Figure respectée de la communauté, Mouddour Zakara est décédé en 1977 à l'hôpital national de Niamey des suites de maladie.

Toyé a été obligé de jeter l'éponge », se rappelait avec jubilation, en 2016, encore le colonel Boulama Manga.

Dans la nuit du 14 au 15 avril, Ali Saïbou déboule à Tondibia, près de Niamey, sa cible désignée. En moins de 24 heures, il met fin avec les autres unités engagées dans l'opération à 14 années du régime PPN-RDA. Le président Diori Hamani est finalement, transféré le 22 avril 1974, à Zinder, dans le camp militaire. D'autres dignitaires du régime sont, quant à eux, envoyés à la caserne militaire d'Agadez. En raison de son âge et de sa notoriété, Bouba Hama, qui a été ramené d'Agadez, au camp Bagagi-Hia à Niamey est finalement libéré dès juillet 1976.

« *Un soir, je crois que c'était le 17 juillet si ma mémoire est restée fidèle*, se souvient Kaziendé, *alors que nous dînions tranquillement, le lieutenant Torda, commandant l'escadron blindé se présenta, nous salua. Cette arrivée nous parut insolite, aussi avions-nous instinctivement cessé de manger et étions tout œil et toute oreille. J'ai reçu l'ordre de conduire M. Boubou à son domicile tout de suite. Dans une demi-heure, je reviendrai, il faut que dans moins d'une heure vous soyez à votre domicile* ».

Pour le plus grand bonheur des auteurs du coup d'État du 15 avril, la France, qui disposait à Niamey du 4e Régiment interarmes d'outre-mer (RIAOM) fort de deux cent soixante-dix hommes, n'a rien vu venir. Le long week-end pascal du coup d'État, le commandant du corps expéditionnaire français le Chef de bataillon Langlois d'Estainot, décrit comme un militaire expérimenté, se trouvait à la chasse loin de Niamey. Selon l'anecdote racontée par Moumouni Adamou Djermakoye, le commandant d'Estainot avait dû rejoindre à la nage le 16 avril 1974 la rive gauche du fleuve Niger et regagner son unité. Le seul pont reliant les deux rives de la capitale nigérienne, le pont Kennedy, était encore tenu par les militaires putschistes.

Pour confirmer la thèse déjà soutenue par Moumouni Adamou Djermakoye d'un coup d'État militaire opéré dans le dos de la France, Boulama Manga a affirmé ce qui suit :

« Dès le début des opérations, nous avons envoyé, de l'état-major où je me trouvais avec Kountché, un élément pour évaluer la situation devant le Camp Leclerc qui abritait les soldats français. Si le régiment français avait pris des dispositions inhabituelles au niveau de ses sentinelles, cela aurait signifié qu'il a eu vent de quelque chose. Comme nous n'avions constaté qu'il n'a pris aucune mesure inhabituelle, nous avons conclu que la France n'a rien su ».

Chapitre 3 :
La mort de la première dame Aissa Diori : bavure ou assassinat ?

Conformément à l'ordre de bataille arrêté par le CMS, le lieutenant Cyrille Gabriel, Commandant de la compagnie parachutiste de Niamey, devait s'emparer, dans la nuit du 14 au 15 avril, du palais présidentiel[14]. Le commando d'une vingtaine d'hommes bien entraînés devait procéder à l'arrestation du président Hamani Diori, après avoir pris le contrôle des lieux, sans avoir tiré un coup de feu « *à moins d'une résistance notable* », prétend savoir Moumouni Adamou Djermakoye.

La première dame du Niger, Aissa Diori, fut fauchée le 15 avril par une rafale tirée par le sergent Niandou qui la transperça ensuite avec une baïonnette.

---

[14] Le choix de Cyrille Gabriel pour donner l'assaut contre le palais ne tient pas tant à ses fonctions de Commandant de la compagnie parachutiste qu'à sa connaissance intime de la résidence présidentielle. « *Il faut que le monde sache*, écrit Kaziendé, *que l'homme qui a pris le palais le 15 avril en était un habitué. Ami de Monsieur Abdoulaye Diori, fils du président, il connaissait les coins et recoins. Il passait des journées en ce lieu, en compagnie de la famille Diori Hamani qui l'avait adopté. Fils d'une Peule Bargou, Madame Aïssa Diori en avait fait son propre fils et le traitait comme tel* ». Dans son témoignage, déjà cité, Hado Ramatou Diori affirme que Cyrille Gabriel n'a été accepté à l'École militaire de Coëtquidan (France) qu'à la suite de l'intervention du président Diori, lui-même convaincu par son fils Abdoulaye de faire cette intercession.

À l'examiner de près, le scénario d'une prise du palais présidentiel sans coup de feu reposait sur le travail que devait faire, en amont, dans la nuit du coup d'État le commandant Sani Souna Siddo, fin connaisseur des lieux et patron de la garde présidentielle pendant près de dix ans. « (…) *En complicité avec le personnel du palais qu'il connaissait bien, pour avoir été leur chef pendant une décennie, Sani Souna Siddo doit faire en sorte que les grilles du palais soient ouvertes au moment propice, et prendre toutes les dispositions pour que la résidence soit accessible et le système de sécurité neutralisé* ». Les stratèges du CMS savaient bien que le succès de leur coup d'État dépendait principalement de l'assaut sur la résidence du président Diori. Outre les consignes qu'il devait laisser aux éléments affectés à la protection du palais, Sani Souna Siddo devait rassurer la famille Diori en demeurant à ses côtés à la résidence le plus tard possible, la veille du putsch. Ce qu'il fût, en restant jouer aux dames jusqu'à 23 heures avec les Diori, dans la nuit du 14 au 15 avril 1974. Et pourtant, rien ne se passa comme prévu. Parti sereinement du camp Bagagi-Hia (alors Camp Leclerc) avec la conviction d'une mission aussi facile que l'affranchissement d'une lettre à la poste, le lieutenant Cyrille Gabriel et ses hommes se heurtent à une farouche résistance. Des éléments de la garde présidentielle perchés sur le toit sèment la panique dans les rangs des assaillants. Cinq membres du commando parachutiste, dont le sergent-chef Bagagi-Hia et le soldat Garba Hassane, furent fauchés dans les échanges de tirs avec la garde présidentielle de Diori. Cette résistance inattendue entraînant la panique dans les rangs des assaillants qui se mirent à tirer sur tout ce qui bouge dans le palais. Une rafale décrochée par le sergent Niandou faucha la première Dame Aissa Diori. Dans la confrontation entre loyalistes et putschistes, Moussa Diori, un des fils du président Diori, fut également blessé par balle. Voyant la tournure que prenaient les affrontements, Hamani Diori décide alors de se rendre au commando putschiste, après s'être offusqué en ces termes : « *Ne voyez-vous pas que ma femme et mes fils sont blessés ?* ».

La légende qui veut qu'Aissa Diori ait été abattue, après avoir résisté une armée à la main, soutenue y compris par le fameux « Sergent Niandou » auprès de Kaziendé[15], n'a convaincu personne. Même pas Moumouni Adamou Djermakoye, qui était pourtant un des cerveaux du coup d'État du 15 avril : « *Les délires selon lesquels Aissa aurait tenté de riposter avec un pistolet relevaient du roman policier ou du fantasme* », s'insurge-t-il dans *15 avril 1974 : Mémoires d'un compagnon de Seyni Kountché*. Kaziendé est tout aussi formel sur ce point : « *l'irruption des soldats dans le Palais irrita la Première dame Aissa Diori. Contrairement à la version officielle, elle n'était nullement armée. Certes, il se peut qu'elle ait agité des bras vides (elle n'a jamais tenu une arme de sa vie), invectivé, insulté les assaillants. Mais c'est tout* ».

Aissa Diori dont le corps repose depuis avril 1974 dans son village natal de Tagone, dans la région de Dosso, sud-est du Niger, était une première Dame estimée et respectée.

---

[15] « *Aissa est bien décédée dans la bagarre qui a eu lieu au Palais. Elle a essayé de se défendre, et on a été obligé de tirer sur elle* », confia le Sergent Niandou à Léopold Kaziendé après voir assuré que les assaillants ont délibérément refusé de dire au président Diori que son épouse était bien décédée : « *Vous savez papa que Aissa est morte, son mari que nous avons conduit au Conseil de l'Entente après la prise du Palais ne le sait pas encore* ».

Mais, la version la plus incontestable sur les circonstances exactes de la mort de la première dame est, sans aucun doute, celle donnée par sa propre fille Hado Ramatou Hamani Diori, témoin direct ce jour-là des événements, dans un texte intitulé « *l'assassinat de la première dame du Niger : qui est Aissa Diori ?* » publié par plusieurs médias dont Leral.net du mercredi 20 avril 2022.

« J'ai juste eu le temps de me mettre en chemise de nuit lorsque les premiers crépitements se font entendre, écrit-elle. *Ma chambre donnant sur l'entrée principale, j'ai jeté un coup d'œil par la fenêtre. Et là, stupéfaite ! J'aperçois des blindés marchant sur le palais. Ils avaient vraisemblablement forcé le portail. Je sus plus tard que, le commandant Sani Souna préparant son coup depuis longtemps, avait pris la précaution de placer ses hommes pour faciliter l'ouverture du portail. Les évènements s'accélèrent bien vite. Une certaine confusion s'installe. Réveillés par ces bruits insolites, mes frères et quelques cousins qui habitaient avec nous se précipitent au salon que nous avions quitté quelque temps plus tôt ; papa et maman aussi. Maman n'avait pas eu le temps de se changer et portait encore sa tenue de ville. Papa prend le téléphone et constate que la ligne est coupée. Il tente de se rendre sur le balcon pour voir se qui se passe. Et là, maman et moi, nous l'en empêchons en lui disant ce qui est désormais une évidence : les militaires ont décidé de s'en prendre à lui et qu'un coup d'État était manifestement en cours. Dans la confusion, j'observe que ma petite sœur manquait. Je décide alors d'aller la chercher dans sa chambre, contiguë au salon. Je n'étais pas encore revenue au salon lorsque le bruit assourdissant d'une grenade qui explosait tout à côté s'est fait entendre. Il m'oblige alors à retourner sur mes pas pour mettre à l'abri, dans leur salle de bain, ma petite sœur et la cousine qui partageait sa chambre. Deux de nos cousins, Sani et Koireyga, surnommée "Visse", touchés par une rafale ou par les éclats de la grenade, succombent sur le champ. Mon petit frère Moussa est grièvement blessé au flanc gauche. Mon frère Moumouni et mon cousin Maoudé tentent de le relever. Moumouni crie : "Maman, maman, Moussa est blessé !" Elle sort*

précipitamment de sa chambre sans aucune arme, quand elle a entendu l'appel de Moumouni. C'est alors que, avant qu'elle n'ait pu rejoindre ses enfants, que le sergent Niandou la fauche d'une rafale de mitraillette et la transperce d'un coup de baïonnette. Moumouni et Maoudé, seuls témoins du drame, couchent Moussa sur le lit de la chambre des parents. Il continuait à saigner énormément. Puis Moumouni revient vers maman qui, allongée sur la moquette, se vide de son sang et rend l'âme quarante-cinq minutes environ, plus tard. Elle est restée consciente jusqu'à la fin puisqu'elle a pu demander à mon frère Moumouni de lui donner des nouvelles de Sadjo, sa mère, de Toumba, sa sœur, d'Abdoulaye et de Hado. Moumouni lui répondit qu'ils étaient tous là, car elle nous croyait tous morts».

Sur la foi des témoignages de Daouda Diallo et de Moumouni Adamou Djermkoye, on peut soutenir l'hypothèse que Seyni Kountché a été le premier surpris par la mort de Aissa Diori dans l'assaut contre le palais présidentiel. «*J'ai pleuré sans pouvoir me l'empêcher à l'annonce de la mort de Aïssa*», avait dit le président Kountché à Daouda Diallo qui l'a rapporté dans son livre *Seyni Kounché*[16]. «*A plusieurs reprises*, ajoute Daouda Diallo, *Kountché me parla de Aissa Diori "cette grande Dame" qu'il admirait*».

Selon des propos rapportés par son entourage, Seyni Kountché aurait en de nombreuses circonstances laissé transparaître son admiration pour l'épouse de Hamani Diori en déclarant : «*Il y a Présidente et Présidente*». À en croire Moumouni Adamou Djermakoye, c'est avec une grande indignation que le président du CMS lui annonça au petit matin du 15 avril la mort de la première dame : «*À 4 h le radiotéléphoniste m'annonça soudain que le Chef d'état-major, Seyni Kountché voulait me parler. À mon grand soulagement, il m'apprit que Diori Hamani, et les principaux dignitaires avaient été arrêtés. Malheureusement*, ajouta-t-il, *la Présidente* Aïssa avait *péri sous les balles de nos hommes*». «*Cet acte est fort regrettable. Il nous salit*», aurait ajouté, peu avant son investiture

---

[16] Daouda Diallo, *Seyni Kountché*, AMACOM-Editions, Niamey, 2000.

comme président du CMS, Seyni Kountché le 15 avril 1974, selon son entourage. Si on peut concéder au CMS[17] de ne pas prévu collégialement dans sa stratégie de prise de pouvoir la mort de la première dame Aïssa Diori, en revanche, le fait que les auteurs du putsch aient laissé le président Diori apprendre à la radio le décès tragique de son épouse n'est pas compréhensible. « *Les assaillants trouvèrent le président Diori dans sa chambre et le prièrent de les suivre. Il emporta son appareil radio qui lui capta à 6 h 30 la BBC annonçant la mort de son épouse* », rapporte dans son livre déjà cité plusieurs fois Kaziendé, ministre de la Défense et bras droit de Diori au moment du coup d'État.

Les militaires auteurs du coup d'État ont également commis une grave faute dans la restitution de la dépouille mortelle de la première dame à sa famille. En effet, selon le récit très circonstancié de Léopold Kaziendé, les putschistes ont fait venir manu militari les parents d'Aïssa Diori au palais qu'ils venaient de prendre. « *Alors, je ne sais qui organisa la mise en scène suivante digne de Machiavel,* proteste l'ancien ministre de la Défense : *on convoqua la mère de la présidente encore dans une des dépendances du Palais. On fit venir un fils, frère aîné d'Aïssa installé à la ferme de Sabon-Gourma, on les conduisit à l'aéroport où le corps de la présidente était placé dans un DC 3 de l'armée. On les y embarqua sans leur dire quoique ce fut. L'avion s'envola, cap sur Doutchi où il atterrit alors que les chaleurs s'élevaient. Une voiture arriva du poste. On y installa le cadavre enveloppé dans un linceul. Le frère, la mère ignoraient encore tout. Le chauffeur démarra sur Togone où il déposa le paquet inerte et les deux passagers. Que se passa-t-il ensuite après ? Le frère a dû défaire le linceul devant sa mère, les restes mortels de la présidente. Et alors, je me demande*

---

[17] Dans son témoignage cité plus haut, Hado Ramatou Diori rapporte que le sergent Niandou, auteur de la rafale qui faucha mortellement Aissa Diori, avait fini par avouer, devant témoins, à elle-même et son frère Abdoulaye Diori qu'il avait reçu du commandant Sani Souna Siddo l'ordre de tuer la première dame. Kaziendé reprend lui aussi cette thèse dans son ouvrage déjà cité plusieurs fois en rapportant des propos de Seyni Kountché qui aurait déclaré le 15 avril 1974, devant témoins, en référence à la mort de Aissa Diori : « *Je ne savais que Sani aurait été si loin. Cet acte est fort regrettable. Il nous salit* ».

l'impact de cette découverte dans le village natal d'Aïssa. Cela a été sûrement quelque chose d'indescriptible. Quels ont été les sentiments des parents, des habitants de Tagone qui savait ce qu'ils devaient à celle qu'ils voyaient inerte, morte légèrement gonflée à cause de la chaleur d'avril ? Quels ont été leurs sentiments. Leurs ressentiments ? Leurs impressions du moment ? ».

Il faut sans hésitation convenir avec Léopold Kaziendé qu'on aurait pu procéder autrement et ne pas ajouter de la douleur à la peine.

Chapitre 4 :
La chute de Sani Souna Siddo, numéro 2 du CMS

Le 5 décembre 1973, au milieu du déjeuner organisé chez Boulama Manga en présence de douze officiers qui allaient devenir les membres du CMS, le commandant Sani Souna Sido prend la parole et se lance, sur un ton ferme et grave, dans un long réquisitoire contre le régime du PPN-RDA : « *Mes amis*, dira-t-il, *aux officiers présents : j'ai quelque chose de grave à vous dire. L'heure est arrivée pour l'armée de prendre ses responsabilités. Le régime de Diori est dans l'impasse. Sa faillite saute aux yeux. Je sais de quoi je parle, car j'ai côtoyé ce pouvoir dix ans durant. Pour le bien de ce pays, il est nécessaire de balayer ce gouvernement pourri, irresponsable et répressif. Ceux qui ne sont pas d'accord avec cette option peuvent se lever et quitter cette pièce sur le champ* ». Personne ne quitta naturellement le déjeuner fondateur du coup d'État du 15 avril 1974. Devenu chef d'état-major adjoint en juillet 1973, Sani Souna Sido prendra ensuite, après le déjeuner de chez Boulama, une part très active voire décisive à l'action du 15 avril 1974. Comme en témoigne Moumouni Adamou Djermakoye : « *Le commandant Sani Souna Siddo pouvait être considéré comme le vrai instigateur du putsch. Ayant observé le régime dix ans durant, il en connaissait tous les rouages et mécanismes. Il était très lié à la famille Diori, il nous avait dit qu'il avait choisi le Niger* ».

Au premier rang de gauche à droite : Dupuis Henri Yacouba, Seyni Kountché et Ali Saibou

Devenu en juillet 1973 chef d'état-major adjoint aux côtés de Seyni Kountché, Sani Souna Sido accède tout naturellement aux fonctions de vice-président du CMS après le coup d'État du 15 avril 1974. Dans le premier gouvernement « provisoire », il devient ministre de l'Intérieur, des Mines et de la Géologie. Selon différents témoins de l'époque, c'est avec le capitaine Cyrille Gabriel que le commandant Sani Souna Sido avait eu ses premiers démêlés internes au CMS. Kountché trancha alors en faveur de son vice-président, en faisant une déclaration solennelle à la radio nationale le 26 février 1975 : « *L'ex-capitaine des parachutistes Cyrille Gabriel ne fait plus partie, à partir de ce jour, du CMS et de l'armée pour rébellion à l'autorité et pour avoir pillé le palais le 15 avril 1974* ».

Une forme de rivalités va ensuite s'installer entre le président et le vice-président du CMS. Outre les malentendus sur certaines nominations, notamment à la tête de la Société nigérienne de commercialisation de l'arachide (SONARA), Seyni Kountché et Sani Souna Siddo avaient des divergences sur la conduite de l'opération de confiscation de tous les « biens mal acquis » par les dignitaires du pouvoir renversé. Le vice-président était partisan d'une sorte de dérogation à certaines personnes là où Kountché ne voulait faire aucune concession à personne.

« *Voyant Sani reprendre la parole à plusieurs occasions après Kountché, j'ai dit à Sory Mamadou Diallo que nos deux patrons là vont finir par se frotter* », a confié feu Boulama Manga. Toujours est-il que dans la nuit du 1er au 2 août 1975 Seyni Kountché fait arrêter le vice-président du CMS.

« *Dans la nuit du 1er au 2 août 1975 vers 21 heures*, raconte avec force détails Daouda Diallo, *Kountché fit convoquer Sani qui se rendit seulement en compagnie d'un agent de sécurité rapprochée à la villa où résidait le chef de l'État. Lorsqu'il arriva, contrairement à la pratique coutumière, le portail n'était pas ouvert. Pour laisser passer le vice-président. Les sentinelles l'invitèrent à descendre à l'entrée et à rejoindre à pied la petite terrasse où le recevait habituellement le président. Il s'exécuta sans la moindre méfiance. Sur la terrasse, l'attendaient en fait quelques éléments de la sécurité présidentielle et de la gendarmerie qui l'embarquèrent aussitôt dans un 4X4 pour la prison de Tillabéri* ».

La même nuit Kountché prend soin de convoquer les membres du CMS à Niamey pour leur annoncer la mise aux arrêts de celui qui était encore le vice-président du CMS[18].

« *La nuit du 1er août 1975, après l'arrestation de Sani, vers 23 heures, Kountché a convoqué tous les membres du CMS présents à Niamey*, se souvient Boulama Manga. *À cette occasion, il nous avait dit qu'il venait de faire arrêter le vice-président du CMS pour complot contre le régime. Un long silence s'est installé dans la salle. J'ai levé la main pour demander à parler. J'ai alors dit à Kountché : mon colonel, ce que vous venez de faire est très grave. Avez-vous vraiment des preuves ? Kountché m'a répondu : je vous les donnerai demain. Ce qu'il n'a finalement jamais fait* ».

---

[18] Cette réunion du CMS sera un des tout derniers actes de collégialité du directoire militaire. L'ensemble des pouvoirs sera ensuite concentré dans les mains du seul président Seyni Kountché.

Le lendemain de cette très brève session nocturne des membres du CMS présents à Niamey, Kountché fait une déclaration radiodiffusée à la voix du Sahel, dans le journal de 7 heures : « *Nigériennes, Nigériens, je vous apprends que celui que vous avez jusqu'ici connu comme mon second est sous les verrous. Son acolyte Maïtouraré Gadjo est arrêté lui aussi. Je suis le seul à la barre du bateau Niger* ».

Dans la même nuit, Djibo Bakary, leader du parti Sawaba[19], de retour de Conakry et quelques proches furent arrêtés et envoyés en prison à N'Guigmi où étaient déjà détenus plusieurs dignitaires du régime renversé tels que Noma Kaka, Mouddour Zakara, Boubakar Moussa, Bala Arabé et Abdou Gao[20].

Dès le 2 août 1975, le commandant Sani Souna Siddo fut transféré par avion spécial à Agadez et incarcéré au camp militaire. Boubou Hama, qui l'avait vu arriver, sur son lieu de détention en a fait le récit à Kaziendé dans le tome 6 de *Souvenirs d'un enfant de la colonisation* : « *Je l'ai vu arriver dans la chambre que tu occupais, transformée en vrai cachot en ma présence. Sani était en manche blanche, pantalon kaki, tête nue, sans galon. Il entra sans résistance. Le capitaine Kimba Kollo verrouilla la porte, mit la clé dans sa poche et fit demi-tour pour sortir, salué par la sentinelle visiblement interloquée. Cela se passait le 2 août 1975 vers les dix-heures* ».

Kaziendé donnera d'autres détails sur les conditions de détention de l'ancien vice-président du CMS : « *Ce que j'appelais chez moi, Boubou et moi, appartenait depuis le 2 août*

---

[19] Sawaba est un terme haoussa du Niger qui veut dire « ralliement » ou « calme ». Il fut le cri de ralliement de l'Union démocratique nigérienne (UDN), parti politique nigérien fondé en 1954 par Djibo Bakary syndicaliste et nationaliste nigérien. Son ambition assumée était alors de combattre la domination coloniale et réussir la transformation profonde de la société nigérienne. Après des années de combats politiques, le Sawaba a tenté entre 1964 et 1965 une insurrection armée qui n'avait pas prospéré.

[20] Cet attelage improbable entre le révolutionnaire Djibo Bakaray et Sani Souna Siddo, ajouté à l'absence de preuves matérielles de la conspiration, a suscité un profond scepticisme dans l'opinion nigérienne sur la réalité du complot reproché au vice-président du CMS.

1975 à M. Sani Souna Siddo seul. Par des sentinelles, nos camarades apprirent que l'ancien second du président du CMS ne voit plus le jour, cloîtré dans sa chambre devenue obscure, puisque sans fenêtre, il vivait seul : personne ne lui parlait. Son poste radio restait son unique compagnon. C'était à n'en pas douter une situation peu enviable ».

En 1976, le commandant Sani Souna Siddo décède sur son lieu de détention. L'' information n'est pas aussitôt rendue publique par le pouvoir en place, mais la rumeur enfle et arrive jusqu'à ses deux épouses à Niamey qui vont s'en ouvrir à Boulama Manga qui rapporte ici cette entrevue : « *Un matin, les deux épouses de Sani Souna Siddo viennent me voir au bureau. Après les salutations d'usage, elles me disent : nous avons appris que notre mari est décédé* ».

N'étant pas lui-même dans la confidence de la disparition de son ex-camarade du CMS, l'ancien Commandant de la gendarmerie, alors ministre des Affaires économiques, répond : «*je vais me renseigner avant de vous donner une réponse* ». Il prend alors sur lui de solliciter un rendez-vous avec le président Kountché : « *M. le président : est-ce que je peux venir vous voir.* Kountché me répond oui, djikan maïlaya. *J'arrive au bureau. je salue le président qui m'invite à m'asseoir et je lui dis : Mon colonel, les deux épouses de Sani étaient venues me voir pour me dire qu'elles viennent d'apprendre le décès de leur mari. Pendant cinq longues minutes, Kountché est resté silencieux. Ensuite, il s'est repris et m'a dit : je vais me renseigner et revenir vers toi. Je salue le président et sort de son bureau* ». En attendant la confirmation, les deux épouses de Sani Souna Siddo sont reparties et Boulama Manga a, quant à lui, repris son agenda ministériel de la journée.

« *Au bout de trois heures environ,* expliqua-t-il dit, *Kountché me rappelle et je vais le voir. Il me dit : le camarade là est décédé. Je réponds : quel camarade ? Kountché précise : Sani. J'enchaîne : de quoi est-il mort ? Kountché me répond : d'épilepsie. J'ajoute alors : mon colonel, nous avons tué Sani. Nous portons tous la responsabilité de sa mort. J'ai salué et je suis sorti du bureau* ».

Chapitre 5 :
La mise en position de stage

Depuis de longues années, Boulama Manga demandait avec insistance à Seyni Kountché de l'autoriser à se rendre en France pour effectuer un stage indispensable à sa carrière d'officier de gendarmerie. Mais le président du CMS à qui on ne force pas la main n'avait pas encore jugé le moment opportun. Profitant du séjour à Niamey, d'un général de la gendarmerie française qu'il connaît bien, le commandant Boulama Manga lui demande d'intercéder auprès de Kountché. Ce qui est en soi un pari hautement risqué, connaissant l'intransigeance de Kountché dès qu'il a le sentiment qu'on cherche à mêler les « étrangers » aux affaires « nigéro-nigériennes ». En effet, pour beaucoup moins que cela, Seyni Kountché, dont le nationalisme pouvait paraître ombrageux, était capable de vifs emportements. Lors d'une de ses conférences de cadres emblématiques, il avait fustigé « *ceux qui livrent les secrets d'État aux étrangers* ».

Boulama Manga ici quitte ses fonctions de ministre de la Jeunesse pour son stage d'officier de gendarmerie en France.

« *C'est dommage*, avait-il tonné, *que je vous réunisse ici, mesdames et messieurs, en conférence des cadres, entre nous, responsables nigériens. Que je vous livre des secrets d'État et qu'au sortir d'ici vous allez les livrer à des étrangers. C'est vraiment dommage. Alors même que nous avons pris l'option de ne rien vous cacher. Nous sommes tous concernés* ».

Boulama Manga aura cette année-là la baraka. Non seulement la démarche du général français ne heurte pas Seyni Kountché, mais celui-ci accepte surtout que son ministre aille effectuer son stage en France. Au cours de l'année académique 1979-1980, Boulama Manga quitte ses fonctions de ministre de la Jeunesse et des Sports pour rejoindre le Centre d'enseignement supérieur de la gendarmerie nationale à Maisons-Alfort, non loin de Paris. Il est alors sur ses terres. Dans les couloirs de la gendarmerie française qu'il connaît bien. Dès son intégration en tant que volontaire dans la gendarmerie nigérienne en 1961 Boulama Manga avait obtenu un stage à l'École de la gendarmerie d'outre-mer à Fréjus, dans le sud-est de la France[21]. Il revient en 1962 au Centre de la gendarmerie de Lodève, dans le département de l'Hérault, dans le sud de la France, avec une année préparatoire à Melun, en région parisienne. Rentré au Niger, à l'issue de sa formation, Boulama Manga revient au cours de l'année académique 1963-1964 pour une année de scolarité à l'École des officiers de la gendarmerie nationale (EOGN) à Melun d'où il sortira avec le grade de sous-lieutenant[22]. Il sera ensuite affecté au groupement de gendarmerie de Maradi avant d'être appelé le 11 janvier 1966 à la tête de la gendarmerie nationale. Il bénéficie d'une promotion exceptionnelle pour devenir lieutenant pour compter du 1er juin 1966. Boulama Manga restera à la tête de la jeune gendarmerie nationale du Niger de 1966 jusqu'au coup d'État du 15 avril 1974.

---

[21] Ce n'est qu'à partir du 2 août 1962 que le commandement sera retiré aux Français pour être confié aux Nigériens à la gendarmerie nationale. Juste une année après les FAN. Le lieutenant Badié Garba sera le premier Nigérien à commander la gendarmerie nationale. En 1963, il passe du grade de lieutenant à celui de capitaine.
[22] Aliou Mahaman précise dans « Armée et politique au Niger » que « dans la gendarmerie, Boulama Manga, Ausseuil Pierre et Aoua Pierre deviennent sous-lieutenants à compter du 1er août 1964.

Capitaine Boulama Manga
Ministre des Affaires Economiques, du Commerce et de l'Industrie, 22 Avril 1974 au 3 Juin 1975

En mai 1980, Boulama Manga qui est déjà Chef de bataillon rentre de son stage en France et attend ses nouvelles fonctions.

Toutefois, ses relations avec le régime du PPN-RDA ne furent pas un long fleuve tranquille. Sa loyauté envers le pouvoir de Hamani Diori sera ainsi suspectée lors de la tentative d'insurrection du parti Sawaba de Djibo Bakary entre 1964-1965. Derrière cette suspicion, se cache en réalité le choix du parti unique de miser plus sur sa milice et ses organisations de jeunesse que sur les forces de sécurité intérieure. Signe de la forte tension entre le pouvoir et le commandant de la gendarmerie, celui-ci sera invité à témoigner lors du procès organisé en 1973 à Tillabéri contre les étudiants et les enseignants accusés de subversion contre le régime du PPN-RDA.

Dans ses échanges avec Seyni Kountché avant le coup d'État, Boulama Manga s'était plaint à plusieurs reprises des misères que lui faisait subir le régime du PPN-RDA : surveillance de correspondances, filatures, écoutes téléphoniques. En mai 1980, Boulama Manga achève son stage en France et rentre à Niamey. Pour la première fois depuis le 15 avril 1974, il n'est ni ministre ni Commandant de la gendarmerie. Son sort est désormais entre les mains du président du Conseil militaire suprême.

À 40 ans, son ascension force le respect et l'admiration. Personne ne savait qu'en poussant le 3 novembre 1947 les portes de l'école primaire de Nguigmi, il irait aussi loin. « *Je suis passé, raconte sans trou de mémoire Boulama Manga, entre les mains de Sanoussi Maï Koura au CI/CP, puis celles de Oumarou Garba au CE avant de terminer le CM entre les mains Youli Oumpounini, un voltaïque* [NDLA : Burkinabé aujourd'hui] *originaire de Diapaga* ».

En mai 1953, avec d'autres élèves de l'école primaire de Nguigmi, alors dirigé par le Voltaïque Edmond Simani Tani, Boulama Manga part à Zinder passer le Certificat d'études primaires (CEP) et le concours d'obtention de la bourse. Et là, les élèves de Nguigmi créent la surprise. « *Pour la première fois*, se souvient-il avec nostalgie et émotion, *Nguigmi rafle huit places sur dix pour le Certificat d'études primaires et obtient cinq admis sur huit pour le concours de la bourse* ».

Les promotionnaires de celui qui deviendra Commandant de la gendarmerie puis ministre de cette époque sont Moustapha Abba Kadji, Madaye Boukar, Ari Kiari, Boukar Ari Koukoumi. Boulama Manga part ensuite au Cours normal de Tahoua d'où il sort instituteur adjoint en 1958. Son premier poste sera de 1958 à 1961 instituteur adjoint à Bouné, dans la région de Gouré, au centre est du Niger. C'est finalement non pas dans l'enseignement, mais dans la gendarmerie nationale qu'il fera carrière.

Chapitre 6 :
L'ultime face-à-face

Après son stage au Centre d'enseignement supérieur de la gendarmerie, le commandant Boulama Manga regagne Niamey en mai 1980. Il a alors déjà quatre années d'ancienneté dans son grade. Alors qu'il attendait de quoi son sort allait être fait, un jour de juin 1980 Seyni Kountché le fait appeler par son aide de camp Mallam Oubandawaki. Une fois sur les lieux, le président du CMS lui adresse la proposition suivante : « *djikan maïlaya, je vais effectuer une tournée en profondeur à Magaria, dans le département de Zinder. Je vais que tu m'y accompagnes. Ce voyage va donner l'occasion de discuter plus longuement et plus sereinement* ». La réponse de l'ancien ministre et ancien commandant de la gendarmerie est naturellement positive. Le président Kountché affectionnait « ces tournées en profondeur ». Il a en avait fait le marqueur de son pouvoir. Tant ses longs voyages à bord de véhicules 4X4 lui permettaient de prendre le pouls du pays, en traversant les départements, les arrondissements, les cantons, les villages et les hameaux, mais surtout en traçant sa route, loin des itinéraires convenus. Seyni Kountché en profitait pour parler directement aux populations et à leurs représentants lors des conférences de cadre. Pour les responsables administratifs (préfets, sous-préfets, chefs des services départementaux) et même les ministres, ces fameuses conférences des cadres étaient un exercice redoutable[23].

---

[23] Ces conférences des cadres étaient des rencontres périodiques convoquées à la discrétion du président Kountché et qui regroupaient les principaux responsables de l'administration publique, de la Chambre de commerce, des syndicats et des associations. Leur ordre du jour pouvait porter de la campagne agricole aux problèmes de mœurs, en passant par les questions de sécurité nationale et de diplomatie. Ces conférences de cadre permettaient à Kountché de prendre le pouls de la Nation, de connaître les préoccupations des différentes couches de la population à travers un dialogue franc et direct. Elles pouvaient être l'occasion de récriminations directes contre de hauts dignitaires que Kountché n'hésitait pas à sanctionner ensuite. Un ministre a, par exemple, dû quitter le gouvernement après une de ces conférences des cadres au cours de

Seyni Kountché au milieu, devant le micro, lors d'une de ces fameuses conférences des cadres. À sa gauche, son dernier Premier ministre Hamid Algabid et le colonel Ali Saibou, chef d'état-major des FAN.

Le moindre écart de comportement, la plus négligeable contre-performance professionnelle pouvait « faire sauter » n'importe qui de son poste. Véritables ADN de son régime, les tournées en profondeur étaient l'occasion de visiter des infrastructures existantes et d'en inaugurer de nouvelles[24]. Gare au ministre, au préfet et aux cadres techniques si Kountché décelait la moindre anomalie technique, le moindre défaut de construction. « *Je venais d'être nommé chef du Centre de santé de Say* (NDLA : dans le nord-ouest du Niger, sur le fleuve Niger), raconte feu Ari Kimé[25], *lorsque Kountché a profité d'une tournée dans la région pour procéder à l'inauguration de notre nouveau bâtiment. Après avoir fait le tour des lieux, le visitant de fond en comble, Kountché est allé ouvrir le robinet : surprise, il n'y avait pas d'eau. Il se retourne immédiatement et me foudroie du regard. J'essaye alors de me cacher derrière mon ministre de tutelle Dr Yahaya Tounkara qui tente, à son tour, de s'abriter*

---

laquelle son comportement et ses pratiques ont été fortement mis à l'index par un participant.
[24] Kountché en profitait aussi pour détecter les talents parmi les cadres techniques qu'il faisait ensuite affecter du niveau régional au niveau central. Certains ministres ont même été identifiés lors de cet exercice.
[25] Mon oncle Arimé Kimé décédé en 2019 a consacré toute sa vie à la santé des Nigériens qu'il a soignés d'Ouest en Est, du Nord au Sud. Que le paradis soit sa dernière demeure.

derrière moi. Nous étions tous deux tétanisés par la crainte de la colère froide du président Kountché ». Des anecdotes comme celles-là, il en existe par centaines. Après son retour à Niamey, Kountché tenait une réunion spéciale pour faire état de ses constatations sur le terrain et réclamer des explications aux ministres concernés :

« *À une de ces réunions, après une visite dans les départements de Diffa, Zinder et Maradi, le ministre de l'Hydraulique et moi Secrétaire d'État à l'Information avons été interpellés par le chef de l'État*, témoigne Daouda Diallo. *Cela, parce que le château de Mainé-Soroa, ainsi qu'il le dit, pissait comme le bonhomme de Bruxelles et qu'à Maradi, les postes de télévision de réception n'étaient pas en place. Le ministre de l'Hydraulique contesta en affirmant que les informations données au président étaient erronées et même de mauvaise foi. Le président lui fit remarquer que lui-même avait constaté de visu. Mais, estimait le chef de l'État, la meilleure solution était que le ministre se rende immédiatement à Maine pour vérifier. Celui-ci était mon voisin autour de la table. Il me demanda à voix basse de dire au président que malade, il ne pouvait pas faire le voyage à l'instant. Je lui répondis que le mal dont il souffrait n'ayant pas éteint sa voix, il était plus indiqué que lui, personnellement, en parle au chef de l'État. Le ministre dût quitter la réunion et s'embarquer dans un avion-taxi pour Maine* ».

Les visites en profondeur du président Kountché, comme ici, étaient des moments redoutables pour les ministres, les préfets et les autres autorités administratives.

En sa qualité de membre du CMS, Boulama Manga accompagne donc Kountché, à sa demande, à Magaria, dans le département de Zinder, sur la frontière avec le Nigeria. Lors d'une escale, Kountché reçoit en tête-à-tête le commandant Boulama Manga : « *djikan maïla*, lui dit-il, *maintenant que tu es de retour de ton stage, dis-moi où tu veux aller* ». « *Mon colonel*, répond l'ancien ministre de la Jeunesse, *j'irai là vous aurez décidé pour moi* ». Kountché qui n'en démord pas ajoute : « *Ce n'est pas un problème, tu peux choisir la fonction que tu souhaites désormais occuper* ». Que Seyni Kountché demande à un Nigérien, la fonction qu'il veut occuper, le fait est suffisamment rarissime pour que Boulama Manga, qui le sait bien, laisse passer l'occasion. « *Si c'est à refaire*, dira-t-il, *je souhaite retourner au ministère de la Santé* [26] ».

Sur ces entrefaites, Kountché répond : « *C'est noté, nous allons procéder de la sorte* ». Seyni Kountché et Boulama Manga

---

[26] Avant de devenir ministre de la Jeunesse et des Sports de 1979 à 1980, Boulama Manga a été ministre des Affaires économiques puis ministre de la Santé publique.

viennent ainsi de conclure « le pacte de Magaria ». Et pourtant, rien ne se passera comme prévu. « *Environ une semaine après notre retour*, relate Boulama Manga, *Mallam Oubandawaki, l'aide de camp de Kountché, me téléphone et me dit que le président veut me voir, de passer demain à dix heures* ». Le lendemain de l'appel téléphonique, l'ancien Commandant de la gendarmerie nationale se rend à la présidence.

La suite, c'est lui qui la raconte : « *Je rentre dans le bureau de Kountché et je salue. Et pour la première fois depuis le coup d'État du 15 avril 1974, le président Kountché ne m'invite pas à m'asseoir. Il était presque en colère. Je tire quand même une chaise pour m'asseoir* ». C'est tout de même un mauvais présage : « *Kountché me dit alors : j'ai changé de fusil d'épaule. Vous irez finalement à Tahoua ou Zinder comme préfet de département* ». Boulama Manga accuse le coup et tente de mieux comprendre : « *Mon colonel*, fait-il remarquer, *vous m'avez dit à Magaria, puis redit à Maradi que j'irai au ministère de la Santé. Que s'est-il donc passé entretemps ? Faites-le-moi savoir afin que je vous donne des explications* ». Kountché ne fléchit pas et répond du tic au tac : « *Je place l'intérêt du Niger au-dessus de tout* ».

Nous sommes alors le vendredi 13 juin 1980. Dans l'après-midi, nouvelles retrouvailles entre Seyni Kountché et Boulama Manga à l'état-major des FAN où Seyni Kountché travaille les après-midi en sa qualité de ministre de la Défense nationale et ancien chef d'état-major. C'est le président Kountché qui ouvre les hostilités : « *Pourquoi*, dira-t-il, *vous n'allez pas à Tahoua comme préfet de département ?* ». Boulama Manga répond :

> : « *Mon colonel, vous vous rappelez de ce que vous avez dit : que désormais le respect des grades sera de rigueur pour garantir la discipline dans l'armée. Pour cela, vous avez désigné Moussa Tondi, qui n'est pas dans le CMS, président de Commission et moi, vice-président, parce qu'il est d'un grade supérieur au mien. Si je vais à Tahoua comme préfet, je vais me retrouver sous les ordres d'un ministre de l'intérieur capitaine alors que*

j'ai quatre années d'ancienneté dans mon grade de commandant ».

Pour solide et cohérent qu'il soit, l'argumentaire n'a pas suffi à convaincre Seyni Kountché qui a répondu aussitôt : « *On verra ça lundi* ». En réalité, l'intrigue vient ainsi de se nouer : Kountché et Boulama Manga ont déjà pris l'un et l'autre leur décision. Le premier, celle de nommer son ancien ministre préfet de Tahoua ; le second, celle ne pas accepter cette nomination quoiqu'il en coûte. Tout s'accélère pendant le week-end. Le dimanche 15 juin, la radio nationale annonce un remaniement du gouvernement et la nomination des préfets de département. « *J'étais dans la voiture avec mon ami de toujours, Alhadji Hassane Maïna[27] quand j'apprends à la radio que je suis nommé préfet de Tahoua. Je lui dis immédiatement que je n'irai pas à Tahoua* ».

Seyni Kountché au milieu, uniforme clair, sur un aménagement hydroagricole lors d'une tournée en profondeur, ADN de son pouvoir.

---

[27] Issu de la chefferie de Dewa, canton de Gueskérou, au sud-est du pays, à environ 1400 km de Niamey, Alhadji Hassan Maïna, est un homme d'affaires connu au Niger et à l'international pour avoir bâti fortune dans l'import-export, le transport et la distribution de carburant. Il avait racheté la Société de transformation du mil du Niger (SOTRAMIL) dont le siège et l'usine se trouvent à Zinder, la deuxième ville du Niger.

Connaissant son camarade du CMS et son tempérament, Seyni Kountché se doutait qu'il ne reculerait pas. Lundi 16 juin 1980, il fait venir à l'état-major des FAN Boulama Manga ainsi que le colonel Ali Saibou, chef d'état-major et Mahamane Soumaïla[28], un commandant plus ancien que Boulama Manga dans le grade. C'est l'ultime face-à-face.

Kountché : « *Pourquoi vous n'allez pas à Tahoua ?* ».
Boulama Manga : « *Je n'ai pas deux paroles, je n'irai pas à Tahoua* ».
Kountché ordonne : « *Ali, mettez-le-moi aux arrêts !* ».
Boulama Manga : « *J'ai salué et je suis sorti du bureau* ».

En ce moment fatidique où tout a basculé, le colonel Ali Saïbou, chef d'état-major des FAN et membre du CMS comme les deux protagonistes de la crise, tente une ultime médiation ! « *Boulama*, lança-t-il, *va t'excuser, on va arranger ça* ». Boulama Manga, qui s'est préparé à cet épilogue, répond sans sourciller : « *Je ne le ferai pas. Je me suis déjà préparé à cette arrestation ; j'ai déjà dit au revoir à ma famille* ».

À la vérité, dès le mois d'avril 1979, Mallam Idi Issoufou, un marabout du village de Takadji non loin de Tessaoua au centre est du Niger, avait averti Boulama Manga de ce qu'il aura une grosse dispute avec Kountché. :

> « *Je revenais alors de la célébration du 15 avril lorsque je me suis arrêté chez ce marabout que j'avais prévenu de mon passage pour qu'il me fasse une* histahara [NDLA : regarder ce que l'avenir peut réserver à partir des versets du saint coran]. *Mallam Idi Issoufou m'a d'abord dit qu'il ne souhaitait pas me dire ce qu'il a vu. Ensuite, sur ma très forte insistance, il a fini par me dire : il y aura une grosse dispute entre Kountché et toi. Prions simplement pour que cela n'arrive pas, ou que si cela arrivait, qu'il y ait le moins de dommages possible*s ».

---

[28] Peu connu en dehors des milieux militaires, Mahamane Soumaïla fait partie des premiers cadres de l'armée nigérienne devenus sous-lieutenant à compter du 1er août 1963 en même que Abdou Idé, Alzouma Sanda, Arouna Adamou, Bayéré Moussa, Lady Michel, Moussa Sala.

Avant même le rendez-vous du lundi 16 juin 1980, le commandant Boulama Manga avait réuni ses deux épouses Amina Boulama Manga et Saadatou Boulama Manga pour prendre congé d'elles en ces termes : « *Je vais m'absenter bientôt. Et vous ne me verrez pas avant très longtemps. Il faudra vous organiser en conséquence* ». Préparation familiale, mais professionnelle aussi à l'épreuve. « *Parallèlement, j'ai fait venir chez moi l'adjudant de gendarmerie Lawan Wandarama pour lui remettre mon arme de service, un chèque de 600 000 FCFA ainsi que mon véhicule de fonction* ».

Quelques jours avant l'arrestation de Boulama Manga, le Dr Alpha Cissé, médecin personnel du président Kountché qui le rencontre fortuitement chez Sory Mamadou Diallo, tente une ultime médiation pour éviter le choc des ego :

> « *Le 13 juin 1980, je me rends*, raconte Boulama Manga, *chez Sory Mamadou Diallo qui devrait aller en consultation ophtalmologique à l'hôpital du 15/20 à Paris*[29]. *J'y croise le Dr Alpha Cissé que je connais pour avoir été directeur des grandes endémies pendant que j'étais ministre de la Santé publique. Là, il me dit que Kountché lui a appris que je lui ai dit non à une affectation comme préfet et qu'il ne comptait pas laisser passer ce refus. Dr Alpha Cissé me supplie d'aller m'excuser. Je lui ai répondu que je ne reviendrai pas sur ma décision* ».

Plus rien n'arrêtera donc l'engrenage entre le président du CMS et le commandant Boulama Manga qui s'achèvera le dimanche 16 juin dans l'après-midi par l'arrestation de l'ancien ministre des Affaires économiques du premier « gouvernement provisoire » de la République du Niger, formé après le coup d'État du 15 avril 1974.

---

[29] Le 15/20 est le Centre national français d'ophtalmologie situé dans le 12e arrondissement de Paris. Il est réputé mondialement pour sa prise en charge des problèmes oculaires.

Chapitre 7 :
« Mon rendez-vous manqué avec la mort »

Après trois jours de détention à l'état-major des FAN à Niamey, Boulama Manga est transféré par avion le 19 juin 1980 à Agadez, dans le nord du pays. Par un concours de circonstances à son arrivée sur place, aucune consigne le concernant n'a été donnée au préfet du département Abdou Idé. Que faire alors de cette « patate chaude » ? Après un léger flottement, décision est finalement prise de l'incarcérer à la prison civile d'Agadez. « *Je crois que ce coup de destin m'a sauvé la vie. Nul ne sait si je n'aurai pas fini comme Sani Souna Siddo, si j'avais été conduit au camp militaire* », croit savoir l'ancien Commandant de la gendarmerie nigérienne.

À la prison civile, compte tenu de son rang, grade et qualité, Boulama Manga est mis à l'isolement, séparé des autres détenus[30]. Sa cellule individuelle est régulièrement nettoyée par un codétenu préposé à cette tâche par le régisseur de la prison. Amnesty International, qui a eu connaissance de son transfert à Agadez, le déclare « *prisonnier de conscience* » et décide ensuite de le soutenir dans son projet de cours par correspondance. Boulama Manga finit par s'inscrire à l'École universelle de Liège pour suivre des enseignements à distance en matière de Banques et Fnances[31]. Avec l'aide de Garba Maïna, un garde républicain en service à la prison civile d'Agadez, il ouvre une boîte postale au bureau de Poste d'Agadez

.

---

[30] Il était prévu que les conditions de détention à Agadez fassent l'objet d'un entretien complémentaire à Niamey. Hélas, cela n'a pu se faire avant le décès le 20 avril 2019 de Boulama Manga.
[31] L'École Universelle est un institut d'enseignement privé par correspondance fondé en 1907. Il propose des préparations aux concours officiels, des préparations aux diplômes d'État et des qualifications métiers dans plus d'une dizaine de domaines.

Ici avant la rupture entre les deux membres du CMS, on reconnaît Seyni Kountché, la mine grave, au milieu, devant le micro, Boulama Manga à sa droite et Bagnou Beidou, à sa gauche.

Dans la plus grande discrétion, l'École, qui connaît son statut de « prisonnier de conscience », lui envoie ses cours en polycopiés à son adresse postale. Le jour de son service Garba Maïna passe relever le courrier et l'apporter incognito à l'ancien ministre des Affaires économiques dans sa cellule. Dans le sens inverse, le garde républicain reprend dans la plus grande discrétion les devoirs prescrits à « l'étudiant Boulama Manga » pour les envoyer par courrier postal à l'École universelle de Liège : « *Nous avons réussi à mettre en place un procédé parfaitement huilé qui m'a permis de rendre au moins 91 devoirs et évaluations pendant ma détention* », racontait avec fierté et nostalgie l'ancien « prisonnier de conscience ».

En 1984, trois ans avant sa libération, Boulama Manga obtient « le Brevet d'employé de banque » délivré par l'École universelle de Liège ». Son inscription pour suivre des cours par correspondance a été d'une grande utilité pour supporter les blues de la détention, surtout lorsqu'on passe comme lui des ours de la république aux fers de la détention. Personne ne lui prédisait un tel destin, lui qui revenait juste d'une formation en France après avoir obtenu difficilement de Seyni Kountché de quitter le « le gouvernement provisoire militaire » dans lequel il a occupé différents départements sans discontinuité de 1974 à son départ en stage en septembre 1979.

Comme d'autres « prisonniers de conscience » de cette époque, le commandant Boulama Manga ne sera entendu pendant ses sept années et demie de détention par aucun juge ni aucun enquêteur.

Pendant ses sept années et demie de détention à Agadez, il ne sera ni entendu par un enquêteur ni présenté à un juge. Comme du reste des dizaines d'autres détenus politiques du régime militaire qui a renversé Hamani Diori. En 1982, deux ans après son arrivée à Agadez, il doit affronter la redoutable épreuve du décès de sa mère Fanta Ari Waganiram à l'Hôpital national de Niamey. En son absence, c'est le reste de la famille ainsi que les parents, amis et connaissances qui organisent les funérailles. Boulama Manga est issu d'une fratrie de trois garçons : lui-même fils unique de sa mère et deux frères aînés consanguins, Abdoulaye et Abdallah.

Le 10 novembre 1987, comme tous les Nigériens, l'ancien Commandant de la gendarmerie nationale apprend le décès à l'hôpital de la Pitié-Salpêtrière du général Seyni Kountché. Après quatre hospitalisations en 1987, la tumeur intracrânienne dont il souffrait depuis plusieurs années avait fini par emporter le tombeur de Hamani Diori. De son lieu de détention, Boulama Manga suivra le bal des prétendants à la succession de Seyni Kountché, avec à l'arrivée la désignation du colonel Ali Saïbou comme président du CMS, chef de l'État.

D'un tempérament très différent de son prédécesseur, Ali Saïbou, réputé débonnaire et magnanime, choisira parmi ses toutes premières mesures la libération de tous les détenus politiques. Et pour être sûr de n'oublier personne, la radio nationale avait égrené nom après nom la liste de toutes les personnes concernées. Le 20 novembre 1987, Boulama Manga est libéré de la prison civile d'Agadez après sept années et demie de détention. Il n'en a gardé ni rancune ni amertume.

Chapitre 8 :
Le sacre d'Ali Saibou à la tête du Niger

Le Niger entre dans une phase inédite et imprévue avec le décès le 10 novembre 1987 à Paris du général Seyni Kountché. Il n'existait alors aucun mécanisme juridique prévoyant l'empêchement ou la disparition du chef de l'État. C'est donc l'armée qui prend les affaires du pays entre les mains. Son chef, le colonel Ali Saibou devient de fait le président de la république par intérim. C'est d'abord le chef d'état-major des Forces armées nigériennes qui réunit le 10 novembre dans l'après-midi le gouvernement pour lui annoncer le décès quelques heures plus tôt du général Seyni Kountché. :

> « *Le visage du colonel m'est familier*, raconte Daouda Diallo ; *il ne me souvient pas de l'avoir vu aussi bouleversé. Les yeux étaient rougis, sinon en larmes. Il prend la parole et l'émotion le contraint à être bref. Pour nous annoncer la mort du Général, il dit tout simplement : nous n'avons plus de président. Il décide de la création d'un comité des funérailles présidé par le lieutenant-colonel Mamadou Tandja, et charge le colonel Adamou Moumouni et moi-même de la rédaction du communiqué de presse* ».

C'est le même Ali Saibou qui s'adressera ensuite à la Nation dans une brève allocution radiotélévisée à 20 heures pour apprendre aux Nigériens que le président Seyni Kountché venait de s'éteindre : « *En ma qualité de chef d'état-major, j'ai le triste devoir de vous annoncer que le chef de l'État n'est plus. Il s'est éteint ce mardi 10 novembre 1987 à 15 h 15 à l'hôpital de la Pitié-Salpêtrière à Paris* ».

En sa qualité de chef d'état-major des FAN, Ali Saibou devient président du CMS, chef de l'État après le décès de Kountché le 10 novembre 1987.

Dans son nouveau costume de président par intérim, Ali Saibou recevra les chefs d'État étrangers venus assister aux funérailles officielles du général Seyni Kountché dont la dépouille mortelle a été rapatriée le jeudi 12 novembre 1987 par un vol spécialement affrété par la République française. Outre le président sénégalais Abdou Diouf arrivé dès jeudi, les présidents béninois Mathieu Kérékou, Ghanéens John Jerry Rawlings, Ivoiriens Félix Houphouët-Boigny, Maliens Moussa Traoré, Nigérians Ibrahim Babanguida et Togolais Gnassingbé Eyadéma sont présents le vendredi 13 novembre à Niamey pour l'ultime adieu à leur homologue. En pleine cohabitation entre François Mitterrand et Jacques Chirac, la France était, pour sa part, représentée aux obsèques par les ministres Charles Pasqua et Michel Aurillac ainsi que Jean Christophe Mitterrand, fils du président Mitterrand et chef de la Cellule africaine de l'Élysée. Tout se passe finalement comme prévu : après la partie officielle à Niamey, en présence des délégations étrangères, Seyni Kountché sera porté en terre dans son village natal de Fandou, nord-ouest de Niamey.

Ali Saibou va capitaliser sa gestion parfaite des obsèques pour prendre une longueur d'avance sur les autres prétendants au fauteuil : Moumouni Adamou Djermakoye qui pensait que son tour était arrivé ; Mamadou Tandja qui croyait en sa légitimité de digne successeur de Kountché dont il fut ministre de l'Intérieur et préfet ; le colonel Amadou Seyni Maïga. Selon Adamou Djermakoye, le soutien de François Mitterrand et de la famille Seyni Kountché a fini par faire la différence en faveur du général Ali Saïbou :

> « *Le choix du président français, s'appuyant sur les assertions des parents et proches de celui venait de nous quitter, fut décisif,* décrypte-t-il. *Et ce choix était en faveur du général Ali Saibou, fidèle parmi les fidèles, seul susceptible de préserver les acquis et garantir les intérêts des uns et des autres* ».

Prière au mort dirigée par un mufti marocain lors des obsèques du général Kountché organisées à Niamey, en présence de sept de ses homologues : le Sénégalais Abdou Diouf ; le Béninois Mathieu Kérékou ; le Ghanéen John Jerry Rawlings ; l'Ivoirien Félix Houphouët-Boigny ; le Malien Moussa Traoré ; le Nigérian Ibrahim Babanguida et le Togolais Gnassingbé Eyadéma.

Lorsque les officiers des FAN se retrouvent le samedi 14 novembre, au lendemain des obsèques de Seyni Kountché, après une première tentative avortée le 9 novembre, veille de son décès, les jeux étaient déjà faits en faveur de la confirmation d'Ali Saibou. En quelques minutes seulement, le chef d'état-major est confirmé sans vrai débat dans les fonctions de successeur de Seyni Kountché. Candidat malheureux à la succession de Seyni Kountché, Adamou Djermakoye y a vu « *une ambiance de coup de force rampant* » *mené aux moyens de la présence d'hommes armés jusqu'aux dents* » postés où se tenaient les délibérations des officiers des FAN : « *Nous nous attendions à un débat franc, ouvert et loyal. Et nous retrouvions devant ce qui avait les caractéristiques d'un pronunciamiento* », s'indigne celui qui a vu lui échapper le fauteuil présidentiel dont il tant rêvé allant jusqu'à prétendre que si Kountché avait eu à choisir son successeur, ç'aurait bien été lui[32].

Sorti conforté de la bataille de succession, Ali Saibou va très vite chercher à consolider son pouvoir. Il met ainsi à la retraite d'office tous les membres du CMS ainsi que trente-cinq autres officiers. Le nouveau chef de l'État supprime également le poste de Premier ministre jusque-là occupé par Hamid Algabid. Il éloigne du pays deux de ses trois concurrents à la succession de Seyni Kountché : le lieutenant-colonel Mamadou Tandja est ainsi nommé ambassadeur à Abuja, au Nigeria, avec rang de ministre d'État, tandis que le colonel Moumouni Adamou Djermakoye est désigné ambassadeur du Niger à Washington, aux États-Unis, et à New York, auprès des Nations unies, avec rang de ministre d'État.

À contre-courant de son prédécesseur, Ali Saibou instaura la politique de décrispation, savant dosage entre plus de liberté pour

---

[32] « *Bien sûr, nos relations, Kountché et moi, ont été difficiles, mais je crois pouvoir dire, toute modestie mise à part, que s'il avait eu la lucidité de choisir son remplaçant avant sa mort, que Dieu me garde, je serais celui qu'il aurait certainement désigné. Tout simplement parce qu'il savait ce dont chacun de ses compagnons était capable. Mon expérience politique et administrative, acquise grâce à lui, ne m'autorise-t-elle pas à croire en cette hypothèse ?* », écrit Adamou Djermakoye dans son ouvrage déjà cité à la page 169.

les Nigériens et « laisser-faire » dans la gestion des affaires publiques. Après la mort en février 1990 des trois étudiants de l'université Abdou Moumouni Diofo de Niamey, Ali Saïbou concède le multipartisme intégral puis la conférence nationale en juillet 1991.

Adversaires comme partisans de l'ancien chef d'état-major de l'armée lui reconnaissent le mérite de n'avoir pas choisi de s'opposer à la tenue de la conférence nationale, mais surtout de n'avoir pas fait obstacle à sa décision de se déclarer « souveraine ». Ces deux décisions de sagesse ont, sans doute, épargné au Niger une situation douloureuse qui aurait même pu déboucher sur une guerre civile que les faucons du parti État étaient alors prêts à assumer. Ali Saibou, pour sa part, jouera fair-play au point d'accepter de venir au Palais des Sports de Niamey où se tenait la Conférence nationale souveraine pour s'adresser aux mille deux cents délégués.

Pendant la transition démocratique aussi, le successeur de Kountché choisira une attitude conciliante, encadré par le Haut conseil de la république (HCR) présidé par feu le professeur André Salifou et le gouvernement de transition dirigé par le Premier ministre Cheiffou Amadou. Il travaillera en bonne intelligence avec les organes de transition jusqu'aux élections législatives et à la présidentielle de février 1993 qui a vu l'élection de Mahamane Ousmane, candidat de l'Alliance des forces du changement (AFC) pour lui succéder[33].

---

[33] L'AFC était un regroupement de partis politiques nigériens décidés à barrer la route au Mouvement national pour la société de développement (MNSD) qui jouissait avant l'avènement du multipartisme du statut de parti État.

Chapitre 9 :
La vie après la prison

De retour à Niamey après son élargissement par Ali Saïbou l'ancien « prisonnier de conscience » savoure les retrouvailles avec la famille, les parents, les amis et les connaissances. Son domicile du quartier Collège Mariama, au centre de la capitale nigérienne, ne désemplit pas. Mais sa première urgence à lui, c'est de se recueillir sur la tombe de sa mère Fanta Ari Waganiram décédée en 1982. L'ancien ministre profite aussi de sa liberté retrouvée pour reprendre le sport, notamment le footing qu'il continuera de pratiquer tous les jours jusqu'à son décès. En février 1988, le président Ali Saïbou, qui a avait déjà tenté en juin 1980 une ultime médiation entre Seyni Kountché et lui, fait recruter son ancien camarade du CMS à la Société nigérienne de dépôt des produits pétroliers (SONIDEP). Dans cette nouvelle aventure professionnelle, l'ancien ministre de la Jeunesse et des Sports s'occupera de la distribution du gaz butane, un enjeu essentiel pour faire reculer la coupe du bois pour la cuisine qui accélère la déforestation au Niger, comme dans les autres pays du Sahel.

Après sept années et demie de détention, Boulama Manga retrouve la liberté le 20 novembre 1987 : il n'en a gardé ni rancune ni amertume.

Pendant dix années, Boulama Manga prendra une part active aux efforts de la SONIDEP pour favoriser le remplacement dans les ménages nigériens du bois par le gaz, même si le pays n'était pas encore à cette époque devenu producteur de pétrole. En 1998, l'ancien ministre des Affaires économiques profite d'un « programme de départs volontaires »[34] ouvert par la SONIDEP pour quitter l'entreprise et se mettre à son compte. Il se lance ainsi dans l'immobilier : achat/vente des parcelles ; reprises et rénovations des villas ensuite revendues sur le marché ; intermédiations, etc. L'ancien ministre avait réussi à faire très vite prospérer cette activité, mettant sans doute à profit le savoir-faire acquis à travers ses cours par correspondance avec l'École universelle de Liège. En 1999, Boulama Manga bénéficie d'une reconstruction de sa carrière d'officier de la gendarmerie nationale et devient colonel suivant l'avancement normal dans le grade.

Six années après son départ de la SONIDEP, l'envie de faire autre chose le rattrape. Boulama Manga rejoint en 2004 la Mission multidimensionnelle des Nations unies au Congo (Monusco) en tant qu'officier logisticien à Bukavu, dans le sud-Kivu. Outre ses tâches habituelles, l'ancien ministre de Seyni Kountché participe alors à l'organisation de l'élection présidentielle de 2006 qui verra la victoire de Joseph Kabila. La même année, il regagne le Niger et reprend ses activités dans l'immobilier.

---

[34] Sans être totalement identique, le programme de « départs volontaires » ressemble à un « plan social », même si en l'occurrence il peut être lancé sans que l'entreprise soit forcément en difficulté.

Boulama Manga devient de 2011 jusqu'à son décès le 20 avril 2019 Grand Chancelier des Ordres nationaux du Niger.

En 2011, après l'élection présidentielle et la victoire de Mahamadou Issoufou, candidat du Parti nigérien pour la démocratie et le socialisme (PNDS), une surprise attend l'ancien Commandant de la gendarmerie nigérienne de 1966 à 1975. « *Le 18 novembre 2011, je revenais d'un enterrement, on m'a remis deux numéros à appeler sans me préciser ni l'identité de mon correspondant ni la raison de mon appel. Je compose quand même un des deux numéros et la surprise m'attend : je tombe sur le président de la République Mahamadou Issoufou qui me dit qu'il souhaite me nommer Grand chancelier des Ordres nationaux. J'accepte naturellement cette marque de confiance avec humilité* ». Un décret présidentiel viendra ensuite entériner cette nomination aux fonctions de Grand Chancelier des Ordres nationaux, institution directement rattachée à la présidence de la république.

De 2011 jusqu'à son décès le 20 avril 2019, à l'âge de 79 ans, Boulama Manga conseillera le président de la République pour l'attribution collective des distinctions honorifiques aux Nigériens et aux étrangers à l'occasion de la fête de la république le 18 décembre et de la fête de l'indépendance nationale le 3 août. Il fournira les mêmes précieux avis pour l'attribution des décorations individuelles, hors période des fêtes. Une anecdote authentique raconte que l'ancien ministre des Affaires économiques a souvent pris sur ses deniers personnels pour financer la fabrication des décorations à attribuer, en attendant que le budget de la grande chancellerie soit libéré par les services de la présidence de la république.

Chapitre 10 :
La réconciliation posthume

Grande fut notre surprise lors de la collecte du témoignage qui a nourri ce livre de constater le respect dans lequel Boulama Manga tenait le président Kountché, malgré les longues années de détention qu'il a subies. À plusieurs reprises, il avait en effet eu cette formule sans équivoque : « *Je n'en veux absolument pas à Kountché. Ce qui s'est passé entre nous était inscrit dans mon destin* ».

Boulama Manga finira par se rendre le 10 novembre 1997 à Fandou pour se recueillir sur la tombe de Kountché.

On ne peut dès lors pas être surpris par la démarche qui a été la sienne à sa sortie de prison en novembre 1987. Ainsi, quelques jours seulement après sa libération, l'ancien ministre de la Jeunesse et des Sports se rend auprès d'Amadou Kountché, frère aîné de Seyni Kountché, accompagné de MM. Elhadji Mara et Elhadji Yenikoye Aliou, deux grands sages de la communauté qu'il a souhaité prendre à témoin. « *En leur présence*, détaille l'ancien ministre, *j'ai présenté mes sincères condoléances à Amadou Kountché et je lui ai dit que je souhaitais que les liens qui unissent nos deux familles soient d'autant plus maintenus que*

Moumouni Kountché, leur frère, est marié avec ma cousine avec laquelle il a eu deux enfants. J'ai ensuite très clairement formulé mon souhait d'aller à Fandou me recueillir sur la tombe de Seyni Kountché ». Que répondra alors Amadou Kountché surpris par la démarche et cette absence de rancune et d'amertume ?. « *Bon, écoute petit frère*, dira finalement Amadou Kountché, *nous avons actuellement une session du conseil d'administration de l'Union nationale de crédits et de coopération (UNCC), je vais y participer et venir te chercher après pour qu'on aille ensemble à Fandou* ». En réalité, le frère de Kountché a trouvé là une bonne façon d'éconduire la demande de Boulama Manga. Les années passent les unes après les autres, l'ancien Commandant de la gendarmerie attend toujours de se recueillir sur la tombe du président CMS :

> « *Le 9 novembre 1997, à la veille du dixième anniversaire du décès de Seyni Kountché,* raconte-t-il, *Idrissa Arouna m'interpelle* : *Au fait, as-tu pu aller te recueillir sur la tombe de Kountché ?. Je lui ai répondu : j'en ai exprimé le souhait depuis 1987 à Amadou Kountché qui s'est engagé à revenir vers moi. J'attends toujours. Bon, prépare-toi, me dit Idrissa Arouna, je viens te chercher demain pour qu'on y aille ensemble. Ce qu'il fit* : *le 10 novembre 1997, après dix années de patience, je me rends avec Idrissa Arouna à Fandou pour me recueillir sur la tombe de Seyni Kountché* ».

La réconciliation posthume venait d'être scellée ce jour-là entre deux des acteurs majeurs du coup d'État du 15 avril 1974. Aux relations de travail entre Commandant de la gendarmerie et chef d'état-major adjoint, se sont succédé chez Boulama Manga et Seyni Kountché un respect et une estime réciproques. Comme le raconte Moumouni Adamou Djermakoye dans son livre déjà cité, aucun membre du CMS n'était au-dessus de la colère froide et des représailles de Seyni Kountché. Le premier à en avoir fait les frais fut le commandant Idrissa Arouna qui, bien qu'il fût une pièce maîtresse du putsch contre Diori, a été expédié dès septembre 1975 comme ambassadeur en Chine.

Figure importante du CMS, proche parmi les proches de Seyni Kountché, Idrissa Arouna a été un des tout premiers à connaître la disgrâce avec son éloignement comme ambassadeur à Pékin.

À en juger par le sort subi par les autres membres du CMS, Boulama Manga a été épargné par Kountché jusqu'au clash de juin 1980. A l'annonce par Kountché de l'arrestation de Sani Souna Siddo en août 1975, il avait réclamé des preuves sans s'attirer des représailles. Il avait ensuite demandé la confirmation de la mort du vice-président du CMS et les raisons de son décès. « *Mon colonel, nous avons tué Sani et nous sommes tous responsables de sa mort* », osa-t-il alors dans le bureau de Seyni Kountché qui n'avait pas toutefois estimé qu'une telle « témérité » appelait « des sanctions ».

À défaut d'une autre explication, cette grande mansuétude de Kountché à l'égard de Boulama Manga pourrait s'expliquer par le rôle important qui fut le sien dans la préparation et pendant le coup d'État du 15 avril. Le fait est suffisamment rare pour être souligné : après le retour de Boulama Manga de stage en mai 1980, Kountché lui a expressément demandé quel poste il souhaitait alors occuper. Autre signe de la proximité entre les deux membres du CMS, lorsque Boulama Manga va voir Seyni Kountché pour lui dire : « *Mon colonel, le jour où vous aurez décidé de me décharger de mes fonctions ministérielles, faites-le-moi savoir à l'avance afin que je ne sois pas pris de court* », la réponse du président du CMS a été sans aucune ambiguïté : « *Djikan maïlaya, il n'a jamais été question de te sortir du gouvernement* ».

Autre signe de considération et d'estime : c'est au Chef d'escadron Boulama Manga que Kountché demande de représenter le 2 avril 1977 le Niger aux obsèques du commandant Marien Ngouabi, chef de l'État congolais et fondateur du Parti congolais du travail (PCT), assassiné le 18 mars 1977. La délégation du Niger à Brazzaville comprenait le professeur Abdou Moumouni Dioffo, qui fut professeur de physique du président Ngouabi. Mais avec Seyni Kountché, rien n'est acquis définitivement pour personne. Surtout quand il estime qu'il y a une remise en cause de son autorité.

Chapitre 11 :
Le président et son maître d'école

Entre le président du CMS et Léopold Kaziendé, ministre de la Défense de Diori au moment du coup d'État, une relation spéciale s'est nouée. En 1943, Kaziendé, alors instituteur et directeur de l'école primaire de Filingué envoient trois de ses élèves du niveau cours élémentaire 1 (CE1) à l'École des enfants des troupes de Kati, au Mali, faisant suite à une demande de l'administration coloniale : Seyni Kountché, Salifou Soumaïla et Agaza Ismaïl.

Au bout de quelques mois, les deux autres élèves reviennent tandis que Seyni Kountché poursuit son cursus à Kati avant de rejoindre le prytanée militaire de Saint-Louis, au Sénégal. Kountché intégrera ensuite les rangs de l'armée française et sera ainsi de toutes ses guerres coloniales, de l'Indochine à l'Algérie. Selon Léopold Kaziendé, son élève choisit à l'époque d'instaurer une relation épistolaire avec lui, en lui adressant des lettres au gré de ses affectations dans les rangs de l'armée française. Entretemps, l'instituteur, de son côté, entre en politique aux côtés de son adjoint Hamani Diori, une des figures de proue du Parti progressiste nigérien (PPN), section du Rassemblement démocratique africain (RDA). Après une longue et sinueuse trajectoire politique caractérisée par deux passages à Paris comme député national au titre de la colonie du Niger, Hamani Diori devient le 18 décembre 1958 le premier président de la République du Niger. Il appelle aussitôt à ses côtés Léopold Kaziendé comme ministre des Travaux publics, des Transports, des Mines et des Postes et Télécommunications. En 1961, Seyni Kountché est, quant à lui, reversé dans la nouvelle armée nigérienne avec le grade de sous-lieutenant[35]. L'élève devenu

---

[35] Seyni Kountché était sous-lieutenant depuis le 1er octobre 1959. Il sera fait lieutenant dans la nouvelle armée nigérienne le 3 août 1961. Par le même décret, le capitaine Demba Mainassara devient chef de bataillon et Bala Arabé passe du grade de lieutenant à celui de capitaine. Pour compter du 1er octobre 1961, le lieutenant Diallo Amadou est fait capitaine.

officier fréquente régulièrement l'instituteur désormais ministre de la république. « *Je ne cachais pas ma fierté chaque fois qu'il défilait à la tête de la première CCAS* [NDLA : Compagnie de commandement et d'appui aux services]. *J'avais applaudi à sa nomination comme adjoint au chef d'état-major. Il était alors capitaine* », rapporte Kaziendé dans le Tome 6 *de Souvenirs d'un enfant de la colonisation*. Ensuite, pour une raison inavouée l'élève prend ses distances de son maître qui le prend douloureusement et s'en ouvre à lui : « *Je préfère,* répondra Kountché, *garder mes distances maintenant, c'est préférable* ». Mais le hasard des carrières changera la donne. À la faveur d'un remaniement du gouvernement opéré en 1972, le président Diori confie le portefeuille de la Défense nationale à Léopold Kaziendé[36].

Seyni Kountché reprit le chemin de la maison de son maître. « *Toujours flanqué de son inséparable Bonkano, il venait causer à la maison de jour comme de nuit. Il me parlait souvent de ses collèges* », ajoute l'ancien directeur de l'école primaire de Filingué. La relation de confiance entre le ministre de la Défense et le commandant Seyni Kountché était si forte qu'il sollicita et obtint du président Diori qu'il fût nommé au grade de lieutenant-colonel à titre exceptionnel le 4 décembre 1973. Pour sa première sortie à l'étranger, en sa qualité de ministre de la Défense, Kaziendé demande et obtient d'être accompagné par le chef d'état-major adjoint Seyni Kountché. « *De retour à Paris* [NDLA, après la Pologne], *le lieutenant-colonel Seyni Kountché m'accompagna à Toulouse où mon fils Charles fréquentait l'école vétérinaire. Ensuite nous regagnâmes Niamey* », détaille Kaziendé qui n'avait alors rien détecté chez son ancien élève qui pouvait inquiéter le régime du PPN-RDA. En réalité, il n'avait pas pris conscience que le pouvoir de Diori vivait ses derniers jours, même pas lorsque son ancien élève, cherchant, sans doute, à l'épargner vient tenter de le convaincre d'arrêter son

---

[36] En tant que ministre de la Défense nationale, Léopold Kaziendé a eu à assurer l'intérim du président Diori à de très nombreuses reprises. À aucun moment, personne dans le personnel politique n'avait alors pensé à le renvoyer à ses origines voltaïques. Quel bel exemple d'intégration africaine et de panafricanisme !

compagnonnage avec le président. À cette époque le projet de coup d'État était, sans doute, déjà très avancé :

> « *Je me serais démis de mes fonctions ministérielles à l'échéance 1975 (c'était un projet commun au camarade Diamballa et moi) et m'occupais de mes notes personnelles et de ma ferme. Ma future demeure y était prête. Il ne restait que le branchement de l'électricité arrivé à ma porte, carrelage et quelques bricoles par ci, par là... Cette maison était ma fierté (...). Mon fils spirituel* [NDLA : Seyni Kountché] *la visita, en compagnie de son* alter ego*, car à l'époque on ne voyait pas l'un sans l'autre. (...) C'était à cette époque des visites fréquentes à la ferme qu'un dimanche soir, mon fils spirituel demanda à me voir au bureau vers 20 heures. On fit un tour d'horizon des événements nigériens, africains et mondiaux, car l'officier supérieur s'intéressait intensément à ces choses. Il me rendit compte, longuement, de l'état de la troupe dont le moral restait au plus bas. À la fin, il me déclare : pourquoi vous vous entêtez à suivre le président Diori ? Cet homme est nettement dépassé. Un jour vous serez obligé de l'abandonner* ».

Le maître Kaziendé n'a rien compris du message codé et des lourds sous-entendus de son élève. Il se lance dans un long plaidoyer sur la qualité et la longévité de ses relations avec Hamani Diori qui remontent à 1937, l'année de la sortie du premier président du Niger de William Ponty[37] :

> « *Comment veux-tu que je l'abandonne un jour ?* reproche Kaziendé à son ancien élève. *Plutôt mourir que pareil forfait. Écoute bien ceci ; je ne sais pas ce que la vie te réserve. Dans le cas où elle te place au pouvoir*

---

[37] Créée en 1903, l'École normale William Ponty avait pour vocation à l'échelle de l'Afrique occidentale française (AOF) de former des instituteurs et des cadres dont l'administration coloniale avait besoin. Transférée en 1913 sur l'île de Gorée, non loin de Dakar, l'École normale William Ponty a formé d'illustres premiers-cadres africains tels que l'Ivoirien Félix Houphouët-Boigny ; le Malien Modibo Keita ; le Béninois (Dahoméen à l'époque) Hubert Maga, le Nigérien Hamani Diori et le Sénégalais Mamadou Dia.

quelque part sur la planète, n'oublie pas tes anciens amis, ceux que tu as connus quand tu n'étais pas grand-chose ».

En 1943, Léopold Kaziendé envoya Seyni Kountché à l'école des Enfants des troupes de Kati, au Mali.

À la fin de l'entrevue, celui qui était alors encore le chef d'état-major adjoint n'a pas été convaincu par son maître, devenu ministre de la Défense. « « *Mon fils spirituel se leva, me regarda de son regard d'aigle, fonça les sourcils, se mit au garde-à-vous, salua sortit sans dire mot* ».

Tout venait ce soir-là de basculer dans les rapports entre les deux hommes. Kountché, sachant ce qui allait arriver, a tenté sans succès d'éviter le dilemme cornélien qu'il allait vivre : devoir gérer la détention de « son père spirituel ». Lorsque les premières hostilités du coup d'État sont lancées dans la nuit du 14 au 15 avril, le premier geste de Kaziendé était d'entrer en contact avec son ancien élève, devenu chef d'état-major de l'armée nigérienne :

> "*Oui, j'entends les rafales, je ne suis pas au courant de ce qui se passe. Seyni (chef d'état-major) ne m'a rien dit. Je vais lui téléphoner pour m'éclairer*, dit alors Kaziendé à l'officier venu l'alerter d'une situation exceptionnelle. *D'accord. Moi, attends ici dit, mon correspondant. Je raccrochais donc l'écouteur* [NDLA : le combiné], *puis*

le reprenais immédiatement et fermais le numéro du domicile du chef d'état-major.
- *Allô... Allô... Maï no (c'est qui en langue zarma)*
La voix est celle d'une femme.
- *Aï no, man Seyni (c'est moi, où est Seyni).*
- *À siino, a koï Sixième (il n'est pas là, il est parti à la Sixième compagnie).*
Je raccrochais donc, perplexe. De cet instant, je ne doutais plus de rien. Il s'agissait à coup sûr d'un coup d'État, d'un putsch, d'un pronunciamiento".

Comme tous les principaux dignitaires du régime renversé, le ministre de la Défense sera arrêté dans la matinée du 15 avril très tôt. Il est d'abord conduit par le lieutenant Cyrille Gabriel qui a procédé à sa mise aux arrêts au Centre d'instruction (CI) de Tondibia puis, un peu plus tard dans la journée, dans une villa ministérielle du Conseil de l'Entente. Son voisin sera le président de l'Assemblée nationale Boubou Hama. Ses fonctions de ministre de la Défense sans doute, mais surtout son passé de « maître » d'école du président du CMS, vont conférer à Léopold Kaziendé le statut de détenu politique très particulier. Avec Boubou Hama, il bénéficiera d'un traitement différent de celui des autres personnalités politiques arrêtées. Le président de l'Assemblée nationale et Léopold Kaziendé seront les deux derniers détenus politiques à être transférés le 29 avril 1974 à l'intérieur du pays. Même le président Diori n'a pas bénéficié d'une telle prévenance : il a été déporté dès le 22 avril au camp militaire de Zinder, à près de 900 km au sud-est de Niamey. Dès le lendemain de leur arrivée à Agadez, Bouboua Hama et Léopold Kaziendé ont reçu la visite du commandant de la compagnie, le lieutenant Bagnou Beidou, puis le 2 mai 1974 celle du capitaine-médecin français. Consignes données par « le fils spirituel » ou non, les deux personnalités du PPN-RDA bénéficient d'un régime de détention spécial, dans un espace réservé :

"Notre domaine, décrit M. Kaziendé, comprenait, outre la villa de passage des aviateurs militaires, une courette d'un are dont le mur de ceinture, épais de 40 centimètres, haut de 2 mètres 50, était surmonté de

trois rangées de fil de fer barbelé. (...) Moins d'une semaine après notre arrivée, l'emploi journalisé et les consignes des chefs se confirmèrent :
- *Ouverture des portes des chambres des détenus à 7 heures du matin par le Sergent-chef de poste.*
- *Eau chaude apportée dans une bouilloire par un soldat en tenue bleue de travail*
- *Déjeuner préparé dans la chambre de Boubou et pris ensemble*
- *8 heures ; cent pas, à la volonté dans la cour, et ce, pendant une heure au plus*
- *9 heures, chacun dans sa chambre et s'occupe comme il l'entend. Les portes restent ouvertes toute la journée. Les détenus peuvent se rendre visite à loisir, sortir pour aller aux w.c.".*

Par la volonté des geôliers bienveillants, il a été possible bien plus tard après leur arrivée à Agadez à Boubou Hama et Kaziendé de disposer de la lecture et d'une table métallique dont l'ex-président de l'Assemblée avait fait la demande pour maintenir sa vocation d'écrivain[38].

Si certaines mesures d'humanité ont été décidées à la seule initiative d'officiers, sous-officiers et militaires du rang bienveillants, d'autres décisions plus importantes concernant Kaziendé n'ont, en revanche, pu être prises qu'avec l'accord *express* de son « fils spirituel ». Parmi elles, la décision de l'évacuer à Niamey dès qu'un ganglion est apparu sur son cou. Après le médecin-capitaine français qui a ordonné immédiatement des examens radiographiques à Agadez dans un centre spécialisé à l'extérieur de la caserne, c'est le nouveau commandant de la compagnie en personne qui est venu un après-

---

[38] Auteur d'une cinquantaine d'ouvrages, Boubou Hama est, sans doute, l'intellectuel nigérien le plus prolixe. Philosophe, historien, poète, anthropologue, il a reçu en 1970 le Grand prix littéraire d'Afrique noire. Certaines de ses œuvres telles que *Kotia-Nima*, parue en 1968 chez Présence africaine ou *Izé-Gani*, publiée à titre posthume en 1985 à Présence africaine, sont devenues de grands classiques de la littérature africaine. Figure influente de la vie politique nigérienne après l'indépendance proclamée le 3 août 1960, Boubou Hama a été président de l'Assemblée nationale du Niger de 1958 jusqu'au coup d'État du 15 avril 1974. Il est décédé en 1982 à l'âge de 76 ans.

midi lui annoncer : « *Préparez-vous pour prendre l'avion, le prochain vol pour Niamey. Vous serez évacué sur l'hôpital* ». Nous sommes en novembre 1974, près de sept mois après le coup d'État.

Assis sur la droite du président Seyni Kountché au milieu, le colonel Dupuis Henri Yacouba avait courageusement intercédé auprès du président CMS pour obtenir l'évacuation sanitaire de Barkiré Alidou, ministre de Hamani Diori.

L'ancien ministre de Diori Barkiré Alidou n'avait, quant à lui, dû son évacuation sanitaire qu'à l'intercession énergique et courageuse auprès de Seyni Kountché du colonel (à l'époque des faits) Dupuis Henri Yacouba qui, lors de son passage à Agadez, l'avait trouvé vraiment très mal en point :

> "*Le camarade Barkiré Alidou commença à fléchir au point de vue santé,* décrit Léopold Kaziendé. *Il se plaignait de tout son corps qui lui faisait mal, de l'insomnie, de l'inappétence. Il maigrissait à vue d'œil. Le docteur français le soigna comme il put, mais le mal gagnait du terrain. Le camarade devenait de plus en plus faible. Le vice-président du CMS passa à notre cantonnement. (...) Il vit Barkiré, ne promit rien. Le chef d'état-major, le capitaine Ali Saïbou passa aussi. Il vit*

Barkiré, ne promit rien. Enfin, fort heureusement, le colonel Dupuis Yacouba, alors ministre de l'Éducation nationale arrivé. Il s'apitoya sur l'aspect physique du camarade souffrant qui, à l'époque, se levait de son lit avec difficulté. Il pleura même. Dès qu'il retourna à Niamey, un télégramme arriva qui demandait l'évacuation, sans délai, de M. Barkiré sur l'hôpital de Niamey. Ainsi, il fut sauvé d'une mort prochaine, inéluctable à la cadence de l'avancement de la maladie".

Autre signe d'attention particulière envers « le maître du président du CMS », en novembre 1975, lors du décès de sa première épouse Jeanne au Burkina Faso, il a été transféré d'Agadez à Niamey où il a rejoint le président Boubou Hama au camp Bagagi-Hia. Après un entretien téléphonique avec le président voltaïque (aujourd'hui burkinabé) Sangoulé Lamizana, c'est le président Kountché lui-même qui a fait prévenir la famille Kaziendé à Niamey du décès de la première épouse de son ancien maître d'école primaire.

Léopold Kaziendé restera finalement avec Boubou dans le camp Bagagi-Hia à Niamey où les conditions de vie sont nettement meilleures qu'à Agadez. Sa vie sera alors rythmée d'écriture et de repos en semaine, suivis ensuite de visites familiales le samedi. Ce dont ne bénéficiaient pas encore les autres dignitaires du PPN-RDA retenus dans les casernes militaires à l'intérieur du pays :

> "*Les derniers jours de 1975 s'estompèrent. 1976 naquit*, ajoute l'ancien ministre de la Défense de Diori. *Le 1er janvier, nous reçûmes la visite de nos familles. Certains parmi nos geôliers nous souhaitaient une bonne année. Cela nous plut beaucoup. En effet, nous étions quand même arrivés avec le temps à nous familiariser avec quelques-uns d'entre eux. Bref, la vie telle qu'elle se déroulait, nous était fort supportable. On lisait, on mangeait, on dormait. Personne ne manquait du respect (...). On nous appelait familièrement les vieux. Ce titre nous plaisait beaucoup, car il sentait l'Afrique et les Africains"*

L'atmosphère restera bon enfant pour l'ancien président de l'Assemblée nationale et l'ancien ministre de la Défense nationale jusqu'au 17 juillet 1976. Ce jour-là, le lieutenant Haïnokoye Torda, commandant de l'escadron blindé de Niamey, déboule pour annoncer qu'il a reçu l'ordre de conduire *illico presto* Boubou Hama à son domicile. Pourquoi Bouba Hama tout seul ? Pourquoi cette libération en juillet 1976 ?

"Le monde savant de tous les pays, je savais, avait plaidé la cause du président Boubou auprès du président du CMS qui l'aurait peut-être libéré le 15 avril 1976, s'il n'y avait pas eu ce regrettable coup d'État du 15 mars [la tentative de coup d'État du 15 mars 1976 mené par le capitaine Moussa Bayéré]. *Allais-je, moi aussi, être élargi à cette date, c'est fort possible. Mais, ce que je constatais avec amertume, c'était que le 17 juillet, j'étais bel et bien encore interné au camp Bagagi-Hia, seul dans la villa".*

Après la libération de Boubou Hama, Léopold Kaziendé aura eu, sur les ordres de son « fils spirituel », le privilège de choisir avec qui il souhaitait poursuivre son séjour dans la villa du Camp Bagagi-Hia :

"Sans hésitation, dira-t-il, *je désignais le ministre Mamane Dandobi avec lequel j'ai passé six mois à l'hôpital de Niamey. (...) Boubou, donc parti, Mamane Dandobi débarqua à la villa du camp Bagagi-Hia en fin de matinée d'un des derniers jours de juillet 1976,* incognito. *Je ne l'attendais pas de sitôt. Mais je ne doutais pas de son arrivée. La voiture s'arrêta à la porte de la concession. Le lieutenant-commandant l'escadron blindé en sortit, suivi de mon compagnon d'hôpital Mamane Dandobi, en tenue traditionnelle de chef de canton : grands boubous traînants, burnous, turban blanc. Un soldat se saisit de la valise. Je rencontrais les arrivants au bas de l'escalier. Je vous amène le compagnon que vous avez choisi, dit le lieutenant".*

Léopold Kaziendé et Mamane Dandobi passeront du temps de juillet 1976 à avril 1978 au camp Bagagi-Hia, en organisant leur vie entre des visites familiales, lectures, écritures, détente et même un peu de jardinage. Leur espérance de libération sera déçue à l'occasion des fêtes de la proclamation de la République ou de l'indépendance le 3 août 1976, le 18 décembre 1976, le 3 août 1977 et le 18 décembre 1977. Ensuite arriva la divine surprise du 15 avril 1978.

> « Le 15 avril 1978, nous écoutâmes le discours à la nation que le président du CMS a l'habitude de prononcer à cette date, relate Kaziendé. Aucune libération n'y était prévue. Comme d'habitude, nous nous couchâmes sur les coups de minuit, après avoir écouté les dernières nouvelles de "la Voix de l'Amérique". Le 15 avril, à cinq heures du matin, j'entends taper à la porte. Ces coups, sans doute, s'avéraient insolites : nous n'en avions pas l'habitude. Mamane Dandobi répond : qui est-ce ? Une voix familière lui fit écho. C'est moi le lieutenant Torda. Ah, mon lieutenant, dit Mamane, Entrez, qu'arrive-t-il ? Votre compagnon est-il réveillé ? Oui, dis-je de ma chambre. Eh bien, dit le lieutenant Torda, j'ai reçu l'ordre de vous conduire l'un et l'autre dans vos familles respectives avant sept heures ce matin. Préparez-vous ; Dans une demi-heure, je reviens vous chercher. Emportez ce que vous pouvez. Rassemblez le reste de vos affaires dans vos chambres. Vous fermez à clé. Vous reviendrez les prendre dans la journée, après le défilé, sur le coup de onze heures par exemple. Ainsi donc le 15 avril 1978, nous quittons le camp Bagagi, dans la voiture de commandement du commandant du Camp Bagagi-Hia à qui nous présentâmes nos très cordiaux remerciements pour les soins dont il nous a entourés le long de notre séjour à l'escadron blindé ».

Dans sa relation avec Kaziendé après le coup d'État du 15 avril, Seyni Kountché fut sans cesse écartelé entre, d'une part, son devoir absolu de reconnaissance envers son ancien instituteur, celui-là même qui l'avait envoyé en 1943 à l'École des enfants des troupes de Kati, et, d'autre part, son souci d'afficher l'image inédite au Niger d'un dirigeant modèle, impartial, rigoureux et intraitable en matière de justice et d'équité.

Chapitre 12 :
La deuxième vie de Seyni Kountché

Le 10 novembre 1987, la maladie qui minait depuis plusieurs années le général Seyni Kountché a donc fini par l'emporter[39]. Cette issue fatale était en réalité redoutée depuis le 31 décembre 1986, jour de la présentation des vœux du gouvernement du Premier ministre Hamid Algabid au président Kountché. Alors que toute la machine du pouvoir était réunie au palais présidentiel à Niamey pour cette cérémonie protocolaire, le président du CMS fera un malaise qui obligera d'abord à son hospitalisation à Niamey puis à son évacuation sanitaire en France.

15 avril 1987, sur la Place Toumo, à Niamey : une de toutes dernières apparitions publiques de Seyni Kountché, qui reçoit les honneurs rendus par le capitaine Maï Manga Oumara, avant de décéder six mois plus tard.

---

[39] Les Etats-Unis avaient proposé d'accueillir dans leurs hôpitaux le président Kountché et avaient même prépositionné à cet effet un avion médicalisé à Niamey. Une délégation d'officiers des FAN conduite par le colonel Ali Saibou (son grade à cette époque) n'avait pas réussi à convaincre Seyni Kountché qu'elle a rencontré de se rendre aux Etats-Unis plutôt que de se faire soigner en France. À l'hôpital de la Pitié — Salpêtrière, Kountché sera suivi jusqu'à son décès le 10 novembre 1987 par le professeur Marc Gentilini.

« *Nous sommes au Palais, les membres du Conseil militaire suprême et du gouvernement pour la présentation des vœux en cette veille de jour de l'an*, raconte Daouda Diallo. *La cérémonie a lieu dans l'allée qui conduit au jardin intérieur. Elle n'est pas grande, mais la hauteur du plafond soutenu par de puissantes colonnades lui donne une allure impressionnante. Le président arrive. Et comme il fait toujours, serre les mains, tout en questionnant, ordonnant et taquinant. J'observe chez lui un temps d'éclair, comme une envie de dormir. Les techniciens de la radio et télévision, ainsi que les agents du Protocole s'activent à la disposition de la scène. Le président côté est, fait face au Premier ministre Hamid Algabid qui commence son discours. Celui-ci s'articule autour de l'Administration, son fonctionnement et ses performances. Il finit, nous applaudissons. Son aide de camp reprend les feuilles, tandis que le Protocole dispose les micros devant le chef de l'État devant le chef de l'État qui lit normalement pendant trois minutes. Puis, nous entendons une autre "langue" que le français. (...) Le président du CMS revient au français, abandonnant cette "autre langue". Il s'arrête de lire un instant, puis reprend exactement au paragraphe où il avait quitté le français. Quelques phrases et encore cette autre langue. Des mouvements divers se font dans la salle. On regarde son voisin, puis on baisse la tête. Le colonel Ali Saibou se dirige vers l'orateur, qui le voyant venir, lui intime l'ordre de rejoindre sa place. Le français et cette autre langue continuent leur alternance. Cette fois, de pied ferme, Ali Saibou revient à la charge. Seyni Kountché vacillait déjà. La sécurité s'empare de lui, le transporte dans un coin de la salle, le couche sur un petit divan. Il s'est évanoui, crie le docteur Abdou Moudi, ministre de la Santé. Il faut le transporter à l'hôpital* ».

À en croire certains de ses proches, Seyni Kountché était malade depuis plusieurs années. Depuis 1981, selon Daouda Diallo qui affirme avoir eu connaissance de la maladie du président du CMS dès 1981 lors d'un séjour à Paris. « *Le docteur Ousmane Gazéré et moi nous nous croisons dans le hall d'entrée. À un détour de notre conversation, le médecin militaire me dit :*

le protocole ne tient pas compte de nos avis de médecin dans l'établissement du programme du président. Ils ne savent pas qu'il est malade. Il a de plus en plus souvent des douleurs dans le bras ».

Pour le colonel Boulama Manga, le président Kountché était malade bien avant 1981. L'ancien ministre et ancien Commandant de la gendarmerie nationale raconte cette anecdote pour étayer son assertion : « Un jour, a*ux débuts des années 1980, alors que nous étions dans l'attente du démarrage du Conseil des ministres, Kountché avait dit au ministre Moussa Bako : regardez-le avec ses grosses fesses, on dirait une femme. Nous avons été d'autant plus alertés par ces propos que Kountché était un homme d'une très grande pudeur, qui ne parlait presque jamais des femmes* ».

Un second événement avait fini par convaincre Boulama Manga que quelque chose clochait : « *Une autre fois, alors que débattions en conseil des ministres, le président du CMS avait fait observer* : *Boulama Manga et Brah Mahamane* [NDLA : ministre et son Secrétaire d'État] *vous vous entendez trop bien. Ce n'est pas normal, je vais vous séparer* ». C'est plutôt la mésentente entre les deux responsables d'un même ministère qui aurait pu inquiéter le chef de l'État et l'aurait amené à prendre des mesures correctives.

Bien qu'elle ait été longue et presque connue de tous, la maladie de Seyni Kountché n'avait jamais été un sujet de conversations parmi les Nigériens. Et pour cause, à cette époque tous se sentaient trop surveillés et se méfiaient les uns des autres pour aborder une question aussi sensible. Grâce au redoutable Bureau de coordination et de liaison (BCL)[40], alors familièrement appelé « Coordination », Kountché savait presque tout ce qui se disait et se passait dans le pays. Signe de cette paranoïa, à Diffa, à 1360 km au sud-est de Niamey, les habitants

---

[40] BCL est l'ancêtre de la Direction générale de la documentation et de la sécurité extérieure (DGDSE).

se pensaient surveillés par Ali Maï Antenne[41]. Élèves au lycée Idriss Alaoma de Diffa, nous nous retrouvions à l'époque devant la maison familiale, avec Harou Abdallah, Lawan Gaptia, Boukar Biri Kassoum, feu Abdrahamane Mansour, Adam Maïna pour d'interminables débats politiques. Puis un jour, Ali Maï Antenne vint garer son véhicule de fonction, surmonté d'une antenne ostensible, non loin de la maison familiale. Ce qui provoqua la colère de notre père Alhadji Mamadou Abba. « *À force de vos débats politiques interminables et fréquents*, dira-t-il, *vous avez réussi à attirer Ali Maï Antenne. Il va vous écouter et rapporter ce que vous dîtes. Vous finirez par payer votre imprudence* ».

Rien n'arriva finalement parce que Ali Maï Antenne venait dans le quartier pour des raisons non pas professionnelles, mais personnelles. Derrière la paranoïa des Nigériens se cachait une autre face du pouvoir du CMS. « *Comme Kountché était militaire jusqu'au bout*, admet Adamou Djermakoye, *il entendait le demeurer même en exerçant des fonctions civiles. (...) Il tenait absolument à imprimer à son régime les méthodes militaires* ».

Paradoxalement, les Nigériens n'en retiennent aujourd'hui que de bons souvenirs. Plus de 36 années après sa disparition, une sorte de nostalgie de Seyni Kountché s'est emparée de certains Nigériens. Cette « Kountchémania » se traduit par le partage de ses discours emblématiques sur les réseaux sociaux, notamment dans les groupes WhatSapp. Elle se traduit également par la publication de ses portraits, notamment, sur des statuts Facebook, WhatSapp de certains Nigériens. Curieusement même des jeunes qui n'ont pas forcément connu la période du CMS se sont convertis à la « Kountchémania ».

Cette forme de nostalgie de Kountché cache deux réalités. Par effet de miroir avec la gouvernance actuelle, elle exprime la nostalgie d'un grand chef qui n'a toujours pas été remplacé et traduit en même temps la gloire perdue de la grande nation nigérienne. Il se raconte aujourd'hui encore de très nombreux

---

[41] Le responsable du BCL à Diffa se prénommait Ali ; la population a rajouté « mai antenne » qui veut dire en haoussa « l'homme aux antennes ».

témoignages et anecdotes faisant de Seyni Kountché un président nigérien unique en matière d'austérité et de sobriété. L'une de ces anecdotes croustillantes racontées à nous par un ancien chargé des affaires financières indique que Seyni Kountché exigeait de recevoir les états des dépenses de sa famille que la présidence devait prendre en charge ;

> « On dressait la liste des besoins exprimés par sa famille et la soumettait ensuite à Kountché avant de procéder aux achats afférents, a confié cet ancien comptable de la présidence nigérienne rencontré à Bruxelles. À de très nombreuses reprises, Kountché nous retournait la liste avec des produits supprimés, tant il estimait que c'était du luxe pour sa propre famille. Par exemple, il barrait systématiquement le savon Dove pour le remplacer par le savon de Marseille, en disant que sa famille doit se laver avec le même savon que le commun des Nigériens ».

En treize années de pouvoir, et malgré le boom de l'uranium, Seyni Kountché s'est abstenu de construire un nouveau palais présidentiel. Il vivait dans une modeste résidence au point de surprendre ses visiteurs étrangers.

> « Lors de la visite officielle à Niamey du Président François Mitterrand, Monsieur Claude Cheysson, ministre des Relations extérieures m'approcha après le dîner de gala pour demander à rencontrer le président Kountché dans la nuit même, raconte Daouda Diallo, dernier ministre des Affaires de Kountché. De retour chez moi, je téléphonais au président pour lui faire-part du souhait du ministre français. Il me chargea de venir avec lui. À notre arrivée, le président nous attendait assis dans son coin habituel. Après la conversation, je raccompagnais M. Cheysson à sa voiture. Croyant que nous étions ailleurs que chez le chef de l'État, il me dit : je suis réconforté que le chef de l'État ait trouvé le moyen d'éviter que je l'incommode dans son intimité familiale. Lorsque je le ramenais de sa méprise, il s'en étonna, trouvant les lieux bien modestes comme résidence d'un chef d'État ».

Seyni Kountché avait fait de la lutte contre les détournements des deniers publics l'ADN de son régime.

Selon son entourage, Seyni Kountché était un officier austère que les événements du 15 avril n'ont pas converti au luxe et aux fastes du pouvoir[42]. « *Le colonel Seyni Kountché*, écrira Moumouni Adamou Djermakoye, *a toujours été un austère. (...) Les fréquentations de Kountché étaient rares et il était toujours désargenté. Il avait acheté un Fiat 1500 L gris, neuf acquise au moment de son stage à l'école d'état-major, et ce véhicule était souvent garé, faute de carburant* ».

Kountché voulait l'austérité et la rigueur pour lui-même, mais aussi pour ses ministres, les hauts fonctionnaires et les agents de l'État. À cette époque, les véhicules administratifs ne pouvaient être utilisés que pour les seules activités professionnelles des bénéficiaires qui sont tenus de les ramener

---

[42] La face très peu connue du régime de Seyni Kountché, c'est sa consultation régulière des marabouts. Daouda Diallo raconte, par exemple, dans son livre « *qu'au cours de l'hivernage 1985, Kountché envoya chercher un marabout dont il entendit parler dans l'arrondissement de Gaya. (...) Le lendemain le marabout était à Niamey accompagné par le sous-préfet, le Chef de Canton et trois gardes* ». Une autre anecdote authentique raconte que Kountché avait renoncé à faire exécuter les auteurs de l'attaque de Tchintabaraden en 1985 après avoir consulté des marabouts du village de Massallata, près de Koni, dans le centre-est du Niger, qui auraient fortement déconseillé ces exécutions, en raison de leurs risques pour la cohésion sociale et la stabilité du pays. Les Commissaires du gouvernement à ce procès Mamadou Tandja, Bagnou Beidou et Michel Lady avaient requis la peine de mort contre les assaillants venus de Libye.

dans les garages administratifs en fin de semaine. Ils ne pouvaient les reprendre que lundi. Aucune entorse à ce principe ne pouvait alors être entreprise, sauf à provoquer les foudres du président du CMS. En comparant avec la situation d'aujourd'hui empreinte de gabegie et de comportements ostentatoires des dirigeants, les Nigériens, qui ont connu la période de Kountché, mais pas seulement, en sont donc à le célébrer. Mais l'ADN du régime de Kountché aura été la lutte implacable contre la corruption et le détournement des biens publics (DDP).

Après avoir fait passer dans le Code pénal le détournement des fonds publics (DDP) à partir d'un certain montant du délit au crime jugé devant la cour d'Assises, Seyni Kountché rendait compte lui-même des cas de malversations financières en conférences des cadres. Il égrenait à cette occasion les noms des auteurs présumés, les fonctions qu'ils occupent dans l'administration ainsi que les montants incriminés. « *Seyni Kountché avait un véritable culte de l'État* », souligne Daouda Diallo, qui poursuit :

> « *Le traitement de ses affaires, le respect et la sauvegarde de ses biens et la protection de ses intérêts étaient pour lui un sacerdoce. Il avait engagé une vaste opération, dès la première année de son arrivée au pouvoir, contre la corruption pour traquer dans leurs derniers retranchements, pour démanteler leurs techniques et leurs astuces, les agents de l'État qui prenaient des libertés avec les biens publics. (...) S'il n'a pas complètement enrayé ce mal universel, il créa, chez ceux qui détiennent les biens de l'État, la peur du gendarme qui est le commencement de la sagesse. Une pièce théâtrale réalisée à cette époque montrait un comptable de l'État qui, au moment de puiser dans la caisse, porta son regard sur la photo officielle du président du CMS. Il y renonça* ».

Par effet de miroir, la déception envers l'expérience démocratique post-conférence nationale, post-CMS gangrénée par la corruption et l'enrichissement illicite amène une bonne partie de l'opinion nigérienne à nourrir la nostalgie des années

Seyni Kountché. Ces Nigériens comparent ainsi la gestion du régime d'exception avec la gouvernance actuelle, estimant qu'elle n'a pas tant profité aux populations qu'aux élites au pouvoir qui se sont honteusement enrichies. C'est l'argent de l'uranium qui a permis des construire, par exemple, les deux joyaux architecturaux de Niamey que sont le Palais des Congrès et l'Hôtel Gawèye. C'est cette manne tirée de l'uranium qui a permis au Niger d'acheter à l'étranger de nombreuses propriétés immobilières dont l'Hôtel particulier du Niger à La Celle-Saint-Cloud près de Paris, les ambassades de Paris et Washington.

> *« Nul doute que si son œuvre son œuvre avait été poursuivie avec rigueur et ténacité, que si l'héritage qu'il avait laissé avait été géré avec soin et méthode, compétence et parcimonie, le Niger ne traînerait pas à la place qu'il occupe actuellement*, croit savoir Moumouni Adamou Djermakoye. *Sachez seulement qu'à la mort de Kountché, le Niger était non seulement l'un des rares pays à avoir adopté et réussi un programme d'ajustement structurel, mais, en outre, Kountché avait laissé un matelas d'argent de l'ordre de 35 milliards de FCFA ».*

La nostalgie de la période de Seyni Kountché est par ailleurs alimentée par le sentiment d'une très grande influence diplomatique perdue après sa disparition aux plans africain et international. Alors que l'Organisation de l'Unité africaine (OUA) ne réussissait pas à trouver un successeur au Togolais Edem Kodjo au poste de Secrétaire général, Kountché réussit à faire élire, en 1985, le diplomate nigérien Idé Oumarou à la tête de l'organisation panafricaine[43]. Sous sa houlette, sa diplomatie

---

[43] Le mandat du Togolais Edem Kodjo de 1978 à 1983 avait été marqué par la controverse sur la reconnaissance de la République arabe sahraouie démocratique (RASD), soutenue par l'Algérie. Cette reconnaissance avait entraîné le départ du Maroc de l'OUA en 1984. Le Togo, son pays, n'ayant pas souhaité le renouvellement du mandat d'Edem Kodjo, le poste de SG de l'OUA est resté vacant pendant plus d'un an. Idé Oumarou fut finalement élu SG de l'OUA le 20 juillet 1985, après l'échec de l'organisation panafricaine à trancher entre le Malien Alioune Blondin Bèye et le Gabonais Paul Okoumba d'Oguatségué, malgré plusieurs tours de scrutin. Pendant plus d'un an, le Nigérian Peter ONU avait assuré l'intérim du poste de SG.

nigérienne avait également accueilli en 1981 à Niamey la session ministérielle de l'Organisation de la conférence islamique (OCI).

En matière de politique extérieure, le Niger avait, sous le CMS, engrangé quelques succès diplomatiques dont l'élection d'Idé Oumarou au poste de SG de l'OUA en juillet 1985.

Signe non négligeable de place que tenait alors le Niger : à en croire Daouda Diallo, alors chef de la diplomatie de son pays, le Pape Jean Paul II avait soumis, en 1981, une demande de visite officielle au Niger qui n'a finalement pu se réaliser, en raison des contraintes d'agenda de la partie nigérienne. Adamou Djermakoye, le tout premier ministre des Affaires étrangères de Kountché (1974-1979), affirme sans hésitation :

> « *Un des principes directeurs de la politique extérieure du Niger était qu'elle devait être conforme aux intérêts de sa position de carrefour entre l'Afrique subsaharienne et le monde arabe du Nord[44]. Cette position imposa Seyni*

---

[44] Lors du conflit entre le Tchad et la Libye pour le contrôle de la Bande d'Aouzou (1978-1987), Kountché avait opté pour la plus stricte neutralité du Niger entre ses deux voisins, allant jusqu'à empêcher que les avions de

Kountché comme un des chefs d'État les plus écoutés et les plus respectés en Afrique, dans les pays arabes, en Europe et en Amérique »,

C'est en définitive le sentiment de décrochage de leur pays, nourri par une amère déception envers la gouvernance post-CMS, profondément minée par la corruption et l'affairisme, qui explique le retour de plus en plus grand au « Kountchéisme », plus de 36 ans après la mort de Seyni Kountché.

Un proverbe haoussa du Niger ne dit-il pas : « *On ne prend la mesure de la vraie valeur d'une chose que lorsqu'on l'a perdue* ».

Seyni Kountché sur la gauche en costume, en compagnie (de gauche à droite) de ses homologues Mathieu Kérékou (Bénin), Eyadéma Gnassingbé (Togo) et Félix Houphouët-Boigny (Côte d'Ivoire).

---

l'opération militaire française Manta et Epervier de soutien à Hussein Habré stationnent au Niger pour leur ravitaillement en carburant.

Conclusion

Le livre achève de lever le voile sur la rupture entre deux des principaux meneurs du coup d'État de 1974 contre Hamani Diori. Il apporte des informations tant exclusives que complémentaires de celles que l'on sait déjà sur de nombreux événements de l'histoire politique contemporaine du Niger. De la médiation avortée du Dr Alpha Cissé entre Seyni Kountché et Boulama Manga à la tentative du sous-préfet Képine Toyé d'alerter Niamey sur la présence d'Ali Saïbou à Ouallam à la veille du coup d'État, en passant par la convocation par Seyni Kountché des membres du CMS présents à Niamey pour leur annoncer l'arrestation du chef de bataillon Sani Souna Siddo, l'ouvrage fourmille d'anecdotes croustillantes et de confidences saisissantes. On notera parmi elles le face-à-face surprise, entre Agadez et Tahoua, entre le ministre Mouddour Zakara et le tandem Sory Mamadou Diallo/Ali Saibou qui lui vend l'idée d'une course-poursuite contre des voleurs armés alors même que les deux officiers étaient en route pour Niamey afin de participer activement au coup d'État.

Pour la première fois, le lecteur saura ici qu'une dizaine de jours avant leur *clash*, Kountché avait invité Boulama à l'accompagner dans sa tournée en profondeur à Magaria, dans le département de Zinder, ensuite à Maradi, dans le département du même nom. C'est à l'occasion de ce déplacement que le président du CMS avait invité son ancien ministre à choisir le portefeuille qu'il souhaitait occuper, lors de son prochain retour au gouvernement : « *Je souhaite retourner à la Santé* », avait alors indiqué Boulama Manga. « *C'est bien noté, on va faire comme cela* », avait assuré Seyni Kountché. Une semaine après la tournée en profondeur à Zinder et Maradi, le tombeur de Diori fit appeler Boulama Manga pour dire ; « *J'ai changé de fusil d'épaule, vous irez à Tahoua ou Zinder comme préfet de département* ».

L'ouvrage décrypte comment et pourquoi Boulama Manga a dit niet à cette affectation. Non seulement il explique et contextualise la version officielle « d'insubordination » avancée pour expliquer le clash entre deux des principaux tombeurs de Diori, mais il détaille surtout avec une précision chirurgicale les différentes étapes qui ont conduit à la folle journée de l'arrestation le 16 juin 1980, dans l'enceinte de l'état-major des FAN, du commandant Boulama Manga. Le chapitre 6 intitulé « l'ultime face-à-face » raconte l'ambiance électrique dans le bureau de Kountché qui finit par ordonner au colonel Ali Saïbou et au Commandant Mahamane Soumaïla de procéder à la mise aux arrêts de l'ancien ministre de la Jeunesse et des Sports.

Après son arrestation, Boulama Manga est ensuite envoyé trois jours plus tard à Agadez où à son arrivée les responsables militaires et administratifs tergiversent sur le sort de ce prisonnier encombrant, avant de le détenir finalement non pas à la garnison militaire, mais au camp pénal. « *Ce coup de destin m'a sans doute sauvé* », affirmait, en 2016 encore, l'ancien Commandant de la gendarmerie, en référence au sort de Sani Souna Siddo, décédé pendant sa détention à la garnison d'Agadez.

Désigné « prisonnier de conscience » par *Amnesty international*, l'ancien ministre des Affaires économiques de Kountché entame depuis sa cellule, dans le plus grand secret avec la complicité d'un de ses gardiens, une scolarité par correspondance à l'École universelle de Liège.

Fait surprenant observé lors du recueil de ce témoignage, Boulama Manga n'a gardé ni amertume ni rancune après ses sept années et demie de détention. « *Je continue de respecter la mémoire de Seyni Kountché. Ce qui s'est passé était écrit dans mon destin* », a-t-il plaidé. Mieux, on a noté dans sa narration, une pointe d'admiration et de respect pour Seyni Kountché lorsqu'il déclarait : « *Kountché n'était ni un homme d'argent ni un homme de femme* ». Il n'est donc pas étonnant de constater que l'une des premières actions de Boulama Manga, au lendemain de sa libération, a été d'entamer sa réconciliation posthume avec Kountché en se rendant à Fandou, sur sa tombe.

Outre la narration sur la rupture entre le président du CMS et Boulama Manga, l'ouvrage s'attarde sur les relations si particulières entre l'instituteur Léopold Kaziendé et Seyni Kountché qu'il eut comme élève à Filingué, nord-ouest du Niger, mais qu'il envoya surtout en 1943 à l'École des enfants des troupes à Kati, au Mali.

Par le hasard des destins, Kaziendé devient ministre de la Défense de Diori et Seyni Kountché chef d'état-major des FAN. Lorsque le CMS prend le pouvoir, Seyni Kountché, son président, se retrouve face à un sacré dilemme : concilier la reconnaissance qu'il doit à l'instituteur qui a fait de lui le militaire qu'il est devenu et ne pas accorder de traitement de faveur à Kaziendé, ministre de la Défense de Diori qu'il venait de renverser. Le chapitre 11 («le président et son maître d'école») raconte comment finalement le devoir de reconnaissance rattrape sans cesse Kountché qui a fait ramener dès 1975 son maître d'école à Niamey alors que les autres dignitaires du PPN-RDA, y compris Hamani Diori, sont maintenus en détention dans les camps militaires d'Agadez, Zinder et Nguigmi. Après la libération de Boubou Hama, président de l'Assemblée nationale, en juillet 1976, Kountché a fait demander à Kaziendé de choisir avec qui il souhaite poursuivre sa détention au camp Bagagi à Niamey. Le 15 avril 1978, l'élève fait finalement libérer définitivement son maître[45].

Sans doute inspirée par la grande déception envers la gouvernance actuelle, une sorte de «Kountchémania» s'observe depuis un certain au Niger à travers le partage de ses portraits, la rediffusion de ses grands discours ainsi que l'exhumation des chansons en langues nationales à sa gloire.

Ensemble, les douze chapitres de cet ouvrage constituent une contribution non négligeable à la connaissance de l'histoire politique contemporaine du Niger.

---

[45] L'histoire ne dit pas si l'élève et le maître ont fini par se revoir après juillet 1978 et avant le décès de Kountché en novembre 1987. Léopold Kaziendé est décédé, quant à lui, le 26 mai 1999 à Niamey. Son corps repose désormais sur sa terre natale de Kaya, au Burkina Faso.

Bibliographie

ABBA, Seidik, *Niger, La junte militaire et ses dix affaires secrètes* (2010-2011), Paris, L'Harmattan, 2013.

ABBA, Seidik, *Entretiens avec Boubakar Ba, Un Nigérien au destin exceptionnel*, Paris, L'Harmattan, 2019 (Réédition).

ABDOURHAMANE, Boubacar Issa, *Crise institutionnelle et démocratisation au Niger*, Bordeaux, Centre d'études d'Afrique noire, 1996.

APARD-MALAH, Élodie, *Queues de pie et grands boubous : une histoire franco-africaine. Les relations politiques franco-nigériennes de l'après-guerre aux années 2000*, Thèse de doctorat, Histoire de l'Afrique, Université Paris Panthéon-Sorbonne, 2013.

BAKARY, Sambe, *Boko Haram. Du problème nigérian à la menace régionale*, Paris, Presses panafricaines, 2017.

BAYART, Jean-François, *L'État en Afrique : la politique du ventre*, Paris, Fayard, 1989.

BELLO, Mohamadou, *La Ville de Diffa face à Boko Haram et à l'afflux des réfugiés nigérians*, Paris, L'Harmattan, 2019.

BROCHARD, Frere François, *Boko Haram. Pourquoi Pas ? C'est mieux que mourir en prison, non ?*, Paris, L'Harmattan, 2015.

CHAIBOU, Mamane, *Répertoire biographique-Personnalités de la classe politique et leaders d'opinion du Niger — 1945 à nos jours-Volume I : les parlementaires, Niamey*, Édition Démocratie 2000, 1990.

CLAUDIOT-HAWAD, Hélène, « Bandits, rebelles et partisans : vision plurielle des événements touaregs », *Politique africaine*, n° 46, 1992.

DAYAK, Mano, *Touaregs, la Tragédie*, Paris, Lattès, 1992.
DE SARDAN, Jean-Pierre Olivier, *L'enchevêtrement des crises au Sahel. Niger, Mali, Burkina*, Paris, Karthala, 2023.

DE SARDAN, Jean-Pierre Olivier, *La Revanche des contextes ; Des mésaventures en ingénierie sociale en Afrique et au-delà*, Paris, Karthala, 2021.

DESCHAMPS, Alain, *Niger 1995. Révolte touarègue. Du cessez-le-feu provisoire à la « paix définitive »*, L'Harmattan, 2000.

DIABY, Ali, *Qui se cache derrière Boko Haram ?* Paris, Uni Européenne, 2016.

DIALLO, Daouda, *Seyni Kountché*, Niamey, Amacon, 2001.

DJIBO, Hadiza, *la participation des femmes africaines à la vie politique : les exemples du Sénégal et du Niger*, Paris, L'Harmattan, coll. Sociétés africaines et diaspora, 2001.

DJIBO, Mamoudou, *Les Transformations politiques au Niger, 1958-1960* Université de Montréal (PHD), 1992.
ESSIMBE, Victor, *Boko Haram du Nigeria au Nord-Cameroun ; rébellion locale ou complot de l'Occident ?*, Paris, Edilivre 2016.

FLUCHARD, Claude, *Le PPN/RDA et la décolonisation du Niger*, Paris, L'Harmattan, 1995.

FRERE, Marie-Soleil, *Presse et démocratie en Afrique francophone. Les mots et les maux de la transition au Bénin et au Niger*, Paris, Karthala, 2000.
.
GLASER, Antoine, *AfricaFrance : Quand les dirigeants africains deviennent les maîtres du jeu*, Paris, Fayard, 2014.

GUERGOU GAGARA, Almocar, *Défense nationale et puissance aérienne*, Niamey, Édition Buco, 2022.

GUIBBAUD, Pauline, Boko Haram, *Histoire d'un islamisme au Sahel*, Paris, L'Harmattan, 2019

HAMANI, Abdou, *Les femmes et la politique au Niger*, Paris, L'Harmattan, coll. Études africaines, 2001.

HAMANI, Djibo, « Au carrefour du Soudan et de la Berbérie, le sultanat touareg de l'Aïr », *Études nigériennes*, n° 55, Niamey, 1989.

MAIDOUKIA, Labran Alio, Défense et sécurité intérieure du Niger. Approches scientifiques, historiques et opérationnelles, Publishroom Factory, 2023.

KAZIENDE, Léopold, *Souvenirs d'un enfant de la colonisation Volume 6*, Niamey, Éditions Assouli, 1998.

KIMBA, Idrissa (sous la direction), *Le Niger : État et démocratie*, Paris, L'Harmattan, coll. Sociétés africaines et diaspora, 2001.

KIMBA, Idrissa (sous la direction), *Armée et politique au Niger*, Dakar, Impression Graphiques, 2008.

KOUNGOU, Leone, *Boko Haram. Le Cameroun à l'épreuve des menaces*, Paris, L'Harmattan 2014.

KORE, Lawel Chekou, *La rébellion touarègue au Niger : Raisons de persistance et tentative de solution*, Paris, L'Harmattan, 2010.

KOTOUDI, Idimama, « L'état de la presse au Niger », dans PANOS/UJAO, *État de la presse en Afrique de l'Ouest francophone*, Paris, 1991, pp. 89-103.

KOTOUDI, Idimama, *Du journal unique au pluralisme*, Mémoire de Diplôme de l'IFP, soutenu en 1994.

MAÏTOURARE, Boulama, *Télévision et pluralisme politique au Niger,* Mémoire de Diplôme de l'IFP, soutenu en 1996.

MARIE KOUOH, Joseph, tous contre Boko Haram, Paris, Edilivre, 2019.

MBILA, Enyegue, *La Synergie armée-nation en contexte de crise sécuritaire au Cameroun : la mobilisation nationale face à la menace terroriste Boko Haram,* Paris, Edilivre, 2019.

NIANDOU, Abdoulaye Souley, « L'armée nigérienne », contribution au dossier « Niger : chronique d'un État », *Politique africaine* n° 38, Paris, Karthala, 1990, pp. 40-50.

OUSMANE, Abdourahamane (sous la direction), *Recueil de lois et règlement sur la presse et la communication au Niger,* Niamey, NIN, 2011.

OUSMANE, Maaroupi Elhadj Sani, *La presse indépendante au Niger : atouts et faiblesses,* Mémoire de Diplôme IFTIC, 1994.

RAYNAL, Jean-Jacques, *Les institutions politiques au Niger*, Paris, Sepia, 1993.

SÉRÉ DE RIVIÈRES, Edmond, *histoire du Niger,* Paris, Société d'éditions géographiques, maritimes et coloniales, 1927.

SALIFOU, André, *Le Niger,* Paris, L'Harmattan, 2002.

SALIFOU, André, *Biographie politique de Diori Hamani. Premier président de la république du Niger,* Paris, Karthala, 2010.

SHÉRIF, Élisabeth, *Élections et participation politique au Niger : cas de Maradi*, Paris, L'Harmattan, 2014.

SILBERZAHN, Claude, *Au cœur du secret*, Paris, Fayard, 1995.

STRUCTURES ÉDITORIALES DU GROUPE L'HARMATTAN

L'Harmattan Italie
Via degli Artisti, 15
10124 Torino
harmattan.italia@gmail.com

L'Harmattan Hongrie
Kossuth l. u. 14-16.
1053 Budapest
harmattan@harmattan.hu

L'Harmattan Sénégal
10 VDN en face Mermoz
BP 45034 Dakar-Fann
senharmattan@gmail.com

L'Harmattan Congo
219, avenue Nelson Mandela
BP 2874 Brazzaville
harmattan.congo@yahoo.fr

L'Harmattan Cameroun
TSINGA/FECAFOOT
BP 11486 Yaoundé
inkoukam@gmail.com

L'Harmattan Mali
ACI 2000 - Immeuble Mgr Jean Marie Cisse
Bureau 10
BP 145 Bamako-Mali
mali@harmattan.fr

L'Harmattan Burkina Faso
Achille Somé – tengnule@hotmail.fr

L'Harmattan Togo
Djidjole – Lomé
Maison Amela
face EPP BATOME
ddamela@aol.com

L'Harmattan Guinée
Almamya, rue KA 028 OKB Agency
BP 3470 Conakry
harmattanguinee@yahoo.fr

L'Harmattan Côte d'Ivoire
Résidence Karl – Cité des Arts
Abidjan-Cocody
03 BP 1588 Abidjan
espace_harmattan.ci@hotmail.fr

L'Harmattan RDC
185, avenue Nyangwe
Commune de Lingwala – Kinshasa
matangilamusadila@yahoo.fr

Nos librairies en France

Librairie internationale
16, rue des Écoles
75005 Paris
librairie.internationale@harmattan.fr
01 40 46 79 11
www.librairieharmattan.com

Librairie des savoirs
21, rue des Écoles
75005 Paris
librairie.sh@harmattan.fr
01 46 34 13 71
www.librairieharmattansh.com

Librairie Le Lucernaire
53, rue Notre-Dame-des-Champs
75006 Paris
librairie@lucernaire.fr
01 42 22 67 13